Das praktische Jagd- kochbuch

von Küchenmeister Ernst-Ulrich Schassberger

3. überarbeitete Auflage

verlegt von
Wolfgang Hölker

ISBN 3–88117–017–0
VVA Best.-Nr. 28000017
© Copyright 1976/S by Verlag Wolfgang Hölker
D-4400 Münster, Martinistr. 2, Postfach 3820
Alle Rechte vorbehalten
Printed in Germany
Imprimé en Allemagne
Layout: Dieter Kreuchauff
Herstellung: Druckhaus Cramer, Greven
Buchbinderische Verarbeitung: Klemme und Bleimund, Bielefeld

Inhaltsübersicht:

Thue den Rehkopf kochen,
mache ihn recht rein,
klaube das Fleisch ab von den Knochen
und zerhacke es klein —

mit solch dürren Worten unterwies ein Klosterbuch aus der Zeit um 1500 den Bruder coquus geistlichen Standes.

Seine weltlichen Gaumenfreunde, die brüderliche Ritterschaft vom Bratspieß in den Burgen und Jagdschlössern, pflegten ihre Weisheiten von der Zubereitung des erlegten Wildes gar nur mündlich überliefern.

Unser publikationsfreudiges Jahrhundert kennt zwar Kochbücher und Jagdbücher zuhauf. Wie aber mit dem Wildbret in der Küche à la chasseur zu verfahren sei, darüber ist nicht viel zu erfahren.

Küchenmeister Ernst-Ulrich Schassberger, Freund der Jagd und Freund der Jäger, ist also dabei, mit diesem Wild- und Jagd-Kochbuch uns eine echte Freude zu bereiten. Nomen est omen mag er sich gesagt haben, und so wurden es eben gastronomische Enthüllungen à la chasseur Schassberger.

Waidmanns Heil wünscht ihm im Revier der Buchhändler

der »Gaumen-Freund«

Vorwort

Dieses Buch will Ihnen nicht nur Wildrezepte vermitteln, sondern Sie auch mit den wichtigsten Wildarten bekannt machen.

Sie sollen mit der vielseitigen Verwendbarkeit unseres heimischen Wildbrets in der Küche bekannt gemacht werden.

Es werden hier keine Schnellkochrezepte für die eilige Hausfrau genannt oder für Anfänger am Herd, sondern die Rezepte sind für Hausfrauen und Hobbyköche gedacht, die über einige Küchengrundkenntnisse verfügen und Wildbret in allen Variationen lieben.

Wer gerne kocht und Freude am Gestalten hat sowie etwas dekorativen Geschmack besitzt, hat die besten Voraussetzungen, ein erfolgreicher Kochkünstler zu werden.

Carl Friedrich von Rumohr erläuterte in seinem Buch »Geist der Kochkunst« den Begriff der Kochkunst folgendermaßen:

Die Kunst zu kochen entwickelt in den Naturstoffen, welche überhaupt zur Ernährung oder Labung der Menschen geeignet sind, durch Feuer, Wasser und Salz ihre nahrsame, erquickende und ergötzliche Eigenschaft. Auf die Kochkunst allein ist daher jener berühmte Ausspruch des Horaz anzuwenden, den man so oft von den höchst nutzlosen und ganz einseitig schönen Künsten der Poesie und Malerei hat verstehen wollen;

　　　»Vermische Nützlichkeit mit Anmut«.

Nützlich macht sich die Kochkunst, indem sie den dauernden Zweck des Essens, Ernährung und Labung, unablässig verfolgt. Ergötzliches aber bringt sie auf zweierlei Wegen hervor; zumächst, indem sie dem voranbenannten Zwecke nachgeht, denn alle nahrhaften und gesunden Speisen sind meist auch wohlschmeckend; sodann, indem sie zu den bloß nahrhaften Gerichten und Speisen eine paßliche Würze hinzufügt, ihnen dabei auch ein wohlgefälliges Ansehen gibt.

Zum Schluß möchte ich Ihnen noch empfehlen, den Eigengeschmack der verschiedenen Wildbretarten nicht durch übermäßiges Würzen zu verfälschen. Die Kunst des Kochens sollte nach dem Grundsatz betrieben werden, aus jedem eßbaren Ding das zu bereiten, was dessen natürlicher Beschaffenheit am nächsten steht.

Diese Gedanken sollen Sie beim Zubereiten und Genießen der in diesem Buch zusammengefaßten Wildspezialitäten begleiten.

Ebnisee, im September 1979
Landgasthof Hirsch

Ernst-Ulrich Schaukyr

Kalender für Wild und Wildgeflügel

Die folgende Übersicht ist für Nichtjäger bestimmt und soll Sie über die ungefähren Schußzeiten der Wildarten orientieren. Diese Schußzeiten sind in allen europäischen Ländern genau festgelegt. Sie stimmen jedoch untereinander nicht völlig überein, und selbst in den Ländern der Bundesrepublik gibt es Unterschiede in der gesetzlichen Regelung, so daß diese Angaben keine absolute Gültigkeit haben. Außerdem wird bei diesem Küchenkalender kein Unterschied in den Schußzeiten zwischen männlichem und weiblichem Wild gemacht. Es ist jederzeit möglich, daß bestimmte seltene Wildarten zeitenweise (über mehrere Jahre hinweg) nicht bejagt werden dürfen.

Jagdzeiten		am schmackhaftesten
Rehwild	16. Mai – 31. Januar	Oktober – Dez.
Rot- und Damwild	1. August – 31. Januar	Novemb. – Jan.
Schwarzwild	ganzjährig	Januar – Nov.
Muffel- u. Steinwild	1. August – 31. Januar	Oktober + Nov.
Gamswild	1. August – 15. Dezemb.	September
Hasen	16. Oktober – 31. Dez.	Oktober – Dez.
Wildkaninchen	ganzjährig	Novemb. – Jan.
Fasanen	1. Oktober – 31. Dez.	Novemb. + Dez.
Rebhühner	1. Septemb. – 30. Nov.	Septemb. – Nov.
Wachteln	31. Mai – 15. Nov.	Sept. + Okt.
Wildenten	1. Septemb. – 15. Januar	Oktober – Dez.
Wildgänse	1. Oktober – 15. Januar	Oktober – Dez.
Waldschnepfen	16. Oktober – 15. April	Oktober + Nov.
Sumpfschnepfen	gesperrt bis 1980	
Wildtauben	16. August – 30. April	August – Nov.
Haselhähne	1. September – 31. Dez.	Novemb. + Dez.
Birkhähne	gesperrt bis 1980	
Auerhähne	20. April – 31. Mai	April + Mai
Elchwild	1. August – 31. Januar	Nov. – Januar
Rentier	1. Dezember – 15. Mai	Januar + Februar

Die Tiefkühltechnik verwischt diesen Kalender natürlich total. Wenn früher an Ostern ein Rehbraten aufgetischt wurde, so konnte als sicher angenommen werden, daß es sich um ein selbsterlegtes (gewildertes) Stück handelte. Heutzutage ist dies nicht mehr so einfach festzustellen. Im Feinkosthandel sind fast alle Wildarten zu jeder Jahreszeit gefroren erhältlich.

Der Feinschmecker kann dies allerdings von frischem Wild unterscheiden, da gefrorenes Wildbret durch die beim Einfrieren verursachte Sprengung der Muskelfasern automatisch etwas härter wird.

Jägersprache

1. Haarwild

Wildart	männl. Stück	weibl. Stück	Jung-tier	halb erwachsen männl.	halb erwachsen weibl.	Augen	Ohren
Rotwild, Damwild	Hirsch	Tier	Kalb	Schmal-spießer	Schmal-tier	Lichter	Lauscher
Rehwild	Bock	Ricke Geiß	Kitz	Jähr-ling	Schmal-reh	Lichter	Lauscher
Gamswild	Bock	Geiß	Kitz	Jähr-ling	Jähr-ling	Lichter	Lauscher
Muffelwild	Widder	Schaf	Lamm	Jähr-ling	Schmal-schaf	Lichter	Lauscher
Schwarzwild	Keiler	Bache	Frisch-ling	Überläufer		Lichter	Teller
Hase, Kaninchen	Rammler	Häsin	Jung-hase	Dreiläufer		Seher	Löffel

Wildart	Nase	Maul	Beine	Hufe	Schwanz	Fell	Paarungs-zeit
Rotwild, Damwild	Wind-fang	Äser	Läufe	Schalen	Wedel	Decke	Brunft
Rehwild	Wind-fang	Äser	Läufe	Schalen	Wedel	Decke	Brunft
Gamswild	Wind-fang	Äser	Läufe	Schalen	Wedel	Decke	Brunft
Muffelwild	Wind-fang	Äser	Läufe	Schalen	Wedel	Decke	Brunft
Schwarzwild	Wurf	Ge-brech	Hämmer	Schalen	Bürzel	Schwarte	Rausch-zeit
Hase, Kaninchen	Nase	Äser	Läufe	Pfoten	Blume	Balg	Rammel-zeit

2. Federwild

Wildart	männl. Stück	weibl. Stück	Augen	Beine	Füße Zehen	Flügel	Schwanz	Schnabel
Auerwild	Hahn	Henne	Augen	Zehen	Zehen	Schwinge	Stoß Schar Fächer	Schnabel Brocker
Birkwild, Haselwild	Hahn	Henne	Augen	Zehen	Zehen	Schwinge	Stoß Schar Spiel	Schnabel
Feld-hühner	Hahn	Henne	Augen	Zehen	Zehen	Schwinge	Stoß	Schnabel
Tauben	Tauber	Taube Täubin	Augen	Zehen	Zehen	Schwinge	Stoß	Schnabel
Schnepfen	Hahn	Henne	Augen	Zehen	Zehen	Schwinge	Stoß	Stecher
Enten, Gänse	Erpel Ganter	Ente Gans	Augen	Zehen	Ruder, Lat-schen	Schwinge	Stoß	Schnabel

12

Das Wild

Unter Wild verstehen wir die eßbaren Tiere, die in freier Natur leben. Wir sprechen von eßbar, weil einige dieser Tiere nicht als Wild bezeichnet werden können. Füchse, Dachse, Käutzchen, Rabe und Elster bezeichnen wir als Raubzeug.

Schalenwild (Elch-, Rot-, Dam-, Reh-, Gams-, Muffel- und Schwarzwild) muß, sobald es erlegt ist, sofort aufgebrochen werden. Das ist die Arbeit des Jägers. Beim Aufbrechen werden Magen, Därme, Herz, Lunge und Leber aus dem Tier entfernt. Dem Jäger steht nach alter Waidmannssitte der »Aufbruch« (Herz, Leber, Lunge und Niere) zu.

Bei Hase und Kaninchen sollte sofort nach dem Erlegen der Inhalt der Harnblase ausgedrückt werden. Das sofortige Auswerfen (Entfernen der Leber und des Gescheides) kann bei Frostwetter unterbleiben, dagegen ist es bei warmer Witterung notwendig. Nach dem Auswerfen soll der aufgeschnittene Balg wieder gut verschlossen werden um das Austrocknen des Tieres zu verhindern.

Erlegtes Wild muß sofort an Ort und Stelle aufgebrochen werden, da sonst die Gefahr des Verhitzens (Übergang in saure Gärung oder gar Fäulnis) besteht. Verhitztes Wildbret ist an einer grünen Färbung der Unterhaut, der kupferroten Muskulatur und am leichten Lösen der Haare zu erkennen. Ebenso an einem unangenehmen, süßlich-faulen Geruch und einem widerlich faden bis bitteren Geschmack.

Zwischen dem Reifen und Verhitzen bzw. Faulen besteht ein wesentlicher Unterschied. Das Reifen erfolgt durch längeres Abhängen an einem kühlen Ort und ergibt so den beliebten echten Hautgoût, jenen pikanten, angenehm säuerlichen aromatischen und eben typischen Wildgeruch und -geschmack, wobei das Wildbret mürbe und von dunkelbrauner Farbe wird. Dies dürfen Sie nicht mit Verhitzen verwechseln, denn bereits in Fäulnis übergegangenes Wildbret ist für den menschlichen Genuß nicht mehr geeignet.

Hirscharten, auch das Rehwild, die Taube und das Perlhuhn, haben keine Gallenblase. Bei ihnen gelangt die von der Leber gebildete Galle direkt durch den Gallengang in den Zwölffingerdarm. Auch das Federwild hat keine Harnblase.

Das Abhängen (je nach Jahreszeit und Temperatur; Schalenwild bis zu zwei Wochen, Hasen und Federwild etwa 7 Tage) ist dem Beizen und Pökeln vorzuziehen, weil es dem Wildbret auf natürliche Weise den bereits erwähnten Hautgoût verleiht. Feinschmecker schwören auf das Abhängen, obgleich auch das Beizen Wildbret mürbe macht. Aber jede Beize beeinfluß den natürlichen Eigengeschmack des betreffenden Tieres. Bei jungen Tieren sollte wegen der Zartheit auf jegliches Beizen verzichtet werden, es sei denn, der Frischverzehr ist nicht möglich und die Witterung oder fehlende Kühlmöglichkeiten verbieten das Abhängen. Ältere Tiere sollten Sie unbedingt beizen, damit Sie sicher sein können, mürbes Fleisch zu haben und somit Freude am Essen.

Frisches Wildbret wird nur mit einem Tuch gesäubert und nie gewaschen, da ja die Wildbretstücke ohnehin noch gehäutet werden müssen. Gebeiztes Wildbret wird vor der Zubereitung stets abgespült und abgetrocknet.

Wild eignet sich wegen seines geringen Fettgehaltes auch zum Einfrieren. Man muß das Wild, das eingefroren werden soll, genauso lange abhängen wie für den Frischverbrauch, denn in gefrorenem Zustand »reift« das Wildbret nicht weiter.

Bei einer Temperatur von − 18 bis − 25° C und bei einwandfreier Verpackung ist Haarwild 10–12 Monate und Federwild 8–10 Monate ohne Qualitätsminderung lagerfähig. Nach dem Auftauen muß das Wildbret sofort verbraucht werden. In keinem Falle darf ein aufgetautes Stück zum zweitenmal eingefroren werden!

Schwarzwild (Keiler, Bachen und Frischlinge) müssen auf Trichinen untersucht werden.

Federwild (mit Ausnahme der Schnepfen) soll möglichst bald nach dem Erlegen ausgenommen werden. Zu diesem Zweck wird die Bauchdecke geöffnet und das Gescheide (Innereien zum Wegwerfen) nach hinten herausgezogen. Herz, Leber und Lunge verbleiben im Wild. Kleineres Federwild, wie z.B. Rebhühner, werden ausgehakt (Entfernen des Gescheides ohne Öffnen der Bauchhöhle). Aber auch das ist Sache des Jägers. Alles Federwild muß am Kopfende hängend auskühlen.

Wildbret wird wegen seiner Fettarmut beim Braten gesalzener (evtl. auch leicht geräucherter) Speck beigegeben. Große Fleischstücke spicken wir mit gesalzenem Speck, dürfen jedoch die gespickten Stücke nicht liegen lassen, sondern sofort scharf anbraten, damit sich die Poren schließen. Wildgeflügel hüllen wir in dünne Speckscheiben (Speckhemdchen). Bei der Zubereitung bleibt das Wildgeflügel dadurch besonders saftig.

Wildgerichte treten immer mehr in den Vordergrund. Wildbret ist eine gesunde, kräftige, schmackhafte, würzige, leicht verdauliche wie auch kalorienarme Nahrung.

Diese Vorzüge liegen jedoch nicht so sehr in der Natur dieser Tiere begründet, sondern hängen in erster Linie von der Geschicklichkeit der Zubereitung ab. Unter der Anleitung eines Meisterkochs erfährt das Wild zahlreiche Veränderungen und ausgeklügelte Umwandlungen und liefert uns reelle, wohlschmeckende Gerichte.

Hinsichtlich der Schreibweise mancher Wörter sind sich die Schriftgelehrten nicht einig. Daher gibt es des öfteren zwei offiziell richtige Möglichkeiten, z.B. Waidmann, Weidmann, Wildbret oder Wildpret.

15

Suppen

Wildkraftbrühe

4–6 Personen

*500–600 g Wild- und Wildgeflügelknochen, 1 TL
Tomatenmark, 1/4 l Rotwein, Gewürzbeutel, 100 g
Wurzelgemüse, 500 g Wild- und Wildgeflügelfleisch,
1 Eiweiß, Salz, Pfeffer, 1 Lorbeerblatt, 6 Wacholderbeeren, 2 Nelken, 1/8 l Burgunderrotwein.*

Wild- und Wildgeflügelknochen von allen Seiten kräftig anbraten, 50 g Wurzelgemüse zugeben und leicht bräunen. Tomatenmark zugeben, mit 1/8 l Wasser oder ungesalzener Brühe aufgießen und einkochen lassen. Nun mit 1 l Wasser und Rotwein
auffüllen, Gewürzbeutel zugeben und 2 Std. leicht kochen lassen. Diese Brühe passieren und abkühlen.
Durch die grobe Scheibe des Fleischwolfes gedrehtes Wild- und
Wildgeflügelfleisch mit kaltem Wasser bedecken und 2–3 Stunden stehen lassen.
In einen Topf das Eiweiß, die anderen 50 g des Wurzelgemüses,
Salz und Pfeffer, zerdrückte Wacholderbeeren, Lorbeerblatt und
Nelken sowie das eingeweichte Wildfleisch geben. Mit der ab-
gekühlten Wildknochenbrühe auffüllen. Nun langsam das Ganze
zum Wallen bringen (nicht kochen), nur ziehen lassen (ca. 1/2
Stunde), damit Sie eine klare Brühe erhalten. Vorsichtig durch
ein Tuch passieren.
Den Burgunderrotwein zugeben und mit Salz abschmecken.

Wildpüreesuppe

4–6 Personen

*200 g Wildbratenreste ohne Haut und Knochen,
3/4 l Wildkraftbrühe (Rezept s. oben), 1/2 Zwiebel,
30 g Butter, 50 g Linsen, 1 Prise Thymian, 1 Lorbeerblatt, Salz.*

Von den Wildbratenresten, z.B. von Reh oder Hase, das Zar-
teste auswählen, etwa 30 g davon in kleine Würfel schneiden.
Das übrige Fleisch grob hacken. Die Linsen in 1/4 l Wasser ca.
1/2–3/4 Std. kochen.

Zwiebelwürfel anschwitzen in Butter, $1/4$ l Wildkraftbrühe, die gekochten Linsen, Thymian und gestoßenes Lorbeerblatt zugeben, $1/4$ Std. leise kochen lassen. Alles durch ein Sieb streichen und das Mus mit $1/2$ l Wildkraftbrühe auffüllen. Die Suppe nicht mehr kochen lassen. Mit 20 g Butter verfeinern und abschmekken. Die zurückbehaltenen Fleischwürfel als Einlage.

Wildsuppe mit Maronenmus

Wildpüreesuppe mit Maronenpüree (Rezept s. S. 133) verfeinern. Mit Johannisbeergelee und Sahne abschmecken. Als Einlage Trüffelscheiben.

Jägersuppe

4–6 Personen

250 g Waldpilze, $1/2$ Zwiebel, $1/2$ l Wildkraftbrühe, 1 EL Öl, 30 g Speckwürfel, $1/8$ l Sahne, Salz, Pfeffer, 1 EL Petersilie zum Bestreuen, $1/2$ TL Tomatenmark, $1/8$ l Rotwein.

Kleingeschnittene Pilze, – gewürfelte Zwiebel und Speckwürfel anschwitzen. Tomatenmark zugeben, mit Wildbrühe auffüllen und zum Kochen bringen. Bei schwacher Hitze kochen lassen, bis die Pilze gar sind. Sahne zugeben und mit Salz, Pfeffer und Rotwein abschmecken, mit gehackter Petersilie bestreuen.

Rebhuhnsuppe mit Linsen

4–6 Personen

2 Rebhühner (Verwendungsmöglichkeit für ältere Rebhühner), Salz, Gewürzbeutel, 1 Scheibe Schwarzbrot, 1 EL Essig, $1/2$ TL Senf, 100 g Linsen, 30 g Speck, 1 kl. Karotte, 1 gespickte Zwiebel, $1/2$ l Wildkraftbrühe, Salz

19

Die vorbereiteten Rebhühner mit Gewürzbeutel und Schwarzbrot in Salzwasser zum Kochen aufsetzen (Rebhühner müssen mit Wasser bedeckt sein). Ist das Fleisch weich (Kochdauer 1 Stunde), aus der Brühe nehmen, alles Fleisch von den Knochen lösen, in Würfel schneiden und in Suppenterrine anrichten. Die Linsen vorher in 1/2 l leicht gesalzenem Wasser kochen (ca. 3/4 Std.) Speck, Karotte und gespickte Zwiebel mitkochen. Diese entfernen, wenn die Linsen gar sind. Mit Salz, Senf und Essig abschmecken. Die Wildkraftbrühe zugeben und in die Terrine geben.

Wildgeflügelkraftbrühe

Wildkraftbrühe von Auer- oder Birkhahn kochen. Als Einlage gedämpfte, beliebig geschnittene Brust, Nocken, Spargelköpfchen und grüne Erbsen.

Rebhuhnpüreesuppe

Püreesuppe vom Rebhuhn mit etwas eingekochtem Madeira abschmecken. Als Einlage geröstete Weißbrotwürfel.

Fasanenpunch mit altem Sherry

Wildkraftbrühe nur vom Fasan mit süßem Rahm und Sherry verfeinern.

Wildkraftbrühe überbacken

Unter geschlagene Sahne etwas Curry und Eigelb ziehen, auf Wildkraftbrühe geben und überbacken.

Jagdliche Überraschungssuppe

4–6 Personen

80 g grüne Erbsen, 1 kl. Karotte, Salz, $^1/_2$ l Wild-
kraftbrühe, 10 g Butter, $^1/_8$ l Süßrahm, 5 cl Sherry,
100 g Wildfleisch, $^1/_8$ l geschlagene Sahne, 1 Eigelb,
3 g Curry, 20 g geriebener Emmentaler Käse.

Die Erbsen in $^1/_4$ l leicht gesalzenem Wasser unter Zugabe der
Karotte ca. $^1/_2$–$^3/_4$ Std. gar kochen. Karotte herausnehmen und
den Rest durch ein Sieb streichen. Wildkraftbrühe zugeben.
Mit Sherry und Süßrahm abschmecken. Als Einlage beliebiges,
gegartes, in Würfel geschnittenes Wildfleisch. Unter geschlagene
Sahne Eigelb ziehen, mit Curry abschmecken, auf die Suppe
geben, mit geriebenem Emmentaler Käse bestreuen und überbacken.

Vorspeisen

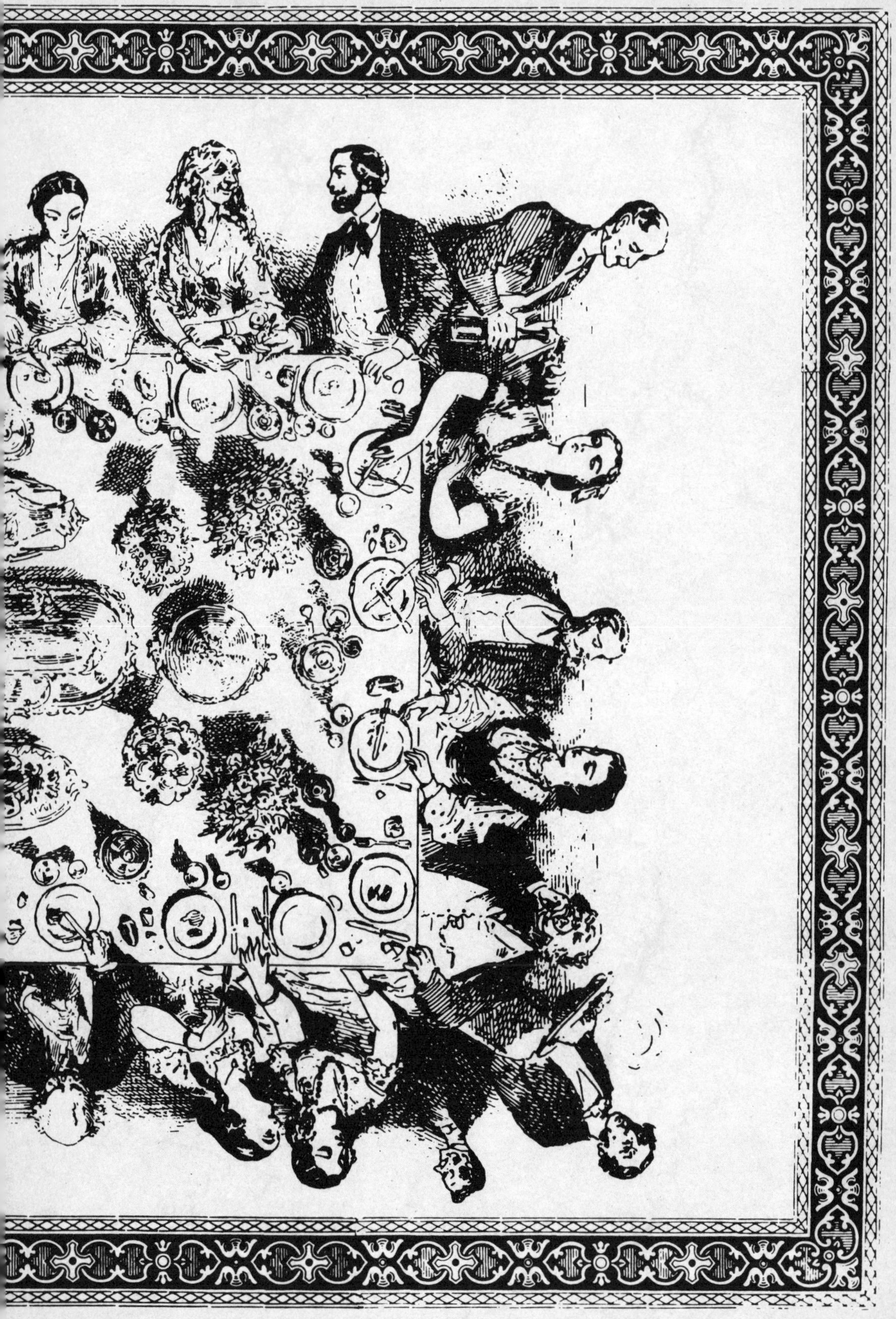

Wildsalat

4 Personen

200 g kalter Reh- oder Hasenbraten, 2 Äpfel, Salz, Pfeffer, 1 TL Zitronensaft, 1 saure Gurke, 2 EL Mayonnaise

Das Fleisch, die geschälten, vom Kernhaus befreiten Äpfel und die Gurke in kleine Würfel oder Streifen schneiden und mit der Mayonnaise binden. Mit Salz, Pfeffer und Zitronensaft würzen. Den Salat nach Belieben in Orangenkörbchen füllen oder auf Salatblättern anrichten.

Jägersalat

4 Personen

200 g gebratenes, kaltes Wildfleisch, 100 g kleine Pfifferlinge, 50 g Kürbis, 50 g Sauerkirschen, etwas Senf, Salz, Pfeffer, Essig, Öl

Das Fleisch in Streifen schneiden, Pfifferlinge und Kürbiswürfelchen dazugeben, mit Weinessig, Senf, Salz, Pfeffer und Öl abschmecken. Nun die Sauerkirschen darunterheben und kühl stellen.

Kräutersalat

Kopfsalatherzblätter mit Brunnenkresse, kleingeschnittenen Zwiebelröhrchen, Borretsch, Dill, Estragon, Pastinak und Schnittlauch vermischen und mit Schalotten-Essig, Öl, Salz und Pfeffer anmachen. Rauchfleisch, in Streifen geschnitten, darüberstreuen.

Rehpastete in der Terrine

4 Personen

150 g Rehrücken- oder Schlegelfleisch, 150 g rohes Schweinefleisch, Salz, Pfeffer, $^1/_8$ l Rotwein, 100 g Pilze, 1 Ei, Pastetengewürz, 50 g gesalzene Speckwürfel, 30 g Pistazien, 30 g Pökelzunge

Rehrücken- oder Schlegelfleisch in kleine Stücke schneiden, mit Salz und Pfeffer würzen, gut anbraten und wie ein Ragout langsam garen. Rotwein und Pilze zugeben. Nun das durch die feine Scheibe gedrehte Schweinefleisch dazugeben und mit Eiern und den Gewürzen abschmecken. Unter diese Masse das Ragout, Speckwürfel, Pistazien und Pökelzungenwürfel geben und in eine Terrine füllen. Form schließen und ca. 50–60 Minuten im Wasserbad kochen. In der Terrine kalt servieren, dazu Cumberlandsauce (Rezept s. S. 126), Toast und Butter.

Römisches Jagdgratin

4 Personen

50 g Brustspeckscheiben, 200 g Kartoffeln gekocht, 100 g fast gares Sauerkraut, 150 g gebratene Wildfleischwürfel, $^1/_2$ l braune Wildsauce (Rezept Seite 124), 30 g Weißbrotbrösel, 30 g Butter, 30 g geriebener Schweizer Käse, Salz, Pfeffer

Feuerfeste Form mit ausgebratenen Speckscheiben belegen. Auf diese eine Schicht geschnittene, gekochte Kartoffelscheiben legen, darauf abgekochtes Sauerkraut schichten. Nun mit gebratenen Wildfleischwürfeln belegen und obenauf nochmals eine Schicht Kartoffeln geben. Mit brauner Wildsauce begießen, mit Weißbrotbröseln und geriebenem Käse bestreuen, mit Butter beträufeln und im heißen Ofen gratinieren (bei Oberhitze bakken).

Hasenpastete

4 Personen

*150 g gebratenes Hasenfleisch (Reste), 150 g rohes
Schweinefleisch, ¼ Zwiebel, 20 g Butter, Salz,
Pfeffer, Thymian, Pastetengewürz, 1 Ei, 50 g Speck,
4 EL Rotwein, 20 g Semmelbrösel*

Schweine- und die Hälfte des Hasenfleisches mit der Zwiebel
zweimal durch die feine Scheibe drehen. Die Masse in heißer
Butter braten, salzen, pfeffern, Pastetengewürz und Thymian zufügen. Leicht auskühlen lassen, mit Rotwein, Semmelbröseln
und Ei mischen. Puddingform fetten, abwechselnd diese Masse
und den gewürfelten Rest des Hasenfleisches einschichten, mit
Speckscheiben abdecken, Form schließen, die Pastete etwa 90
Minuten im Wasserbad kochen. Kalt servieren. Dazu Hagebuttensauce (Rezept s. S. 126), Toast und Butter. Die Pastete kann
auch von anderen Wildfleischresten zubereitet werden.

Rehhirn mit Züngle in Rührei

4 Personen

*Hirn von 2 Rehen, ¼ Zwiebel, 1 gespickte Zwie-
bel (Seite 121), 4 Eier, 2 Rehzüngle, Salz, Pfeffer,
Schnittlauch, 30 g Butter*

Das gewässerte Rehhirn mit kleiner gespickter Zwiebel in leich-
tem Salzwasser garen. Eier aufschlagen, Hirn unterheben, mit
Salz und Pfeffer würzen, die gekochten Rehzünglewürfel ebenfalls daruntergeben. Nun in Butter das Rührei braten. Auf Toast
anrichten und mit in Butter angeschwitzten Zwiebelwürfelchen
und frischem Schnittlauch obenauf servieren.

Wildgeflügelkroketten

4 Personen

250 g Wildgeflügelreste, 50 g Champignons, 30 g Trüffel, ½ Zwiebel, ½ l Wildsauce (Rezept Seite 124), Salz, Pfeffer, ⅛ l Sahne, 4 Eigelb, 2 Eier, etwas Mehl, 20 g Butter, 80–100 g Weißbrotbrösel

Die Reste von gebratenem oder gekochtem Wildgeflügel entbeinen und in kleine Würfel schneiden. Champignons und Trüffel, ebenfalls kleinwürfelig geschnitten, daruntergeben. Zwiebelwürfel anschwitzen und mit brauner Wildsauce auffüllen. Alles zugeben, aufkochen lassen und mit Salz und Pfeffer abschmecken. Sahne-Eigelblegierung zugeben. Masse auf einem Blech mit 2 cm Rand auskühlen lassen und zum völligen Erkalten in einen kühlen Raum stellen. Nun Korkenähnlich formen und in Mehl, zerquirltem Ei (etwas zerlassene Butter beigemischt) wenden, danach in Brotbrösel panieren und in heißem Fett backen. Goldbraun gebacken auf Papiermanschette anrichten, dazu gebackene Petersilie und Zitronenschnitze.

Wildgeflügeltörtchen

4 Personen

150 g Wildgeflügelfleisch gebraten, 50 g Gänseleber, 50 g Champignons, 8–10 g Trüffeln, 50 g Pökelzunge gekocht, Salz, Pfeffer, ¼ l braune Wildsauce (Rezept Seite 124), 2 cl Cognac, Salzmürbteig (60 g Mehl, 40 g Butter, Prise Salz, ½ Ei)

Gebratenes Wildgeflügel, Gänseleber, Champignons, Trüffeln, gekochte Pökelzunge, alles in kleine, gleichmäßige Würfel schneiden, mit gut eingekochter brauner Wildsauce (Rezept s. S. 124) binden und mit Salz, Pfeffer und Cognac abschmecken. Nun die Krustadenförmchen mit Salzmürbeteig auslegen, mit diesem sehr festen, feinen Ragout (Salpicon) füllen, Deckel (aus gleichem Teig) schließen. Oben kleines Loch lassen und im Ofen rasch backen.

Kromeskis von Wildgeflügelresten

4 Personen

Wildgeflügelragout (wie bei Wildgeflügeltörtchen) herstellen und nach Erkalten in angefeuchtete Oblaten einwickeln, in Ausbackteig (¹/₈ l Bier, 125 g Mehl, Prise Salz, 1 TL Öl, 1 Eiweiß) tauchen und in heißem Öl backen. Auf Serviette anrichten, mit gebackener Petersilie und Zitronenschnitzen garnieren.

Schnepfenbrötchen

(kann als Vorspeise oder als Beigabe zu einem Wildgeflügelgericht serviert werden)

pro Schnepfendreck: 20 g fetter Speck, Salz, Pfeffer, 1 Scheibe Weißbrot, 1 Schalotte, Petersilie, hartgekochtes Ei, Parmesan, 10 g Butter

Den Schnepfendreck (Inhalt der Bauchhöhle ohne Magen) mit fettem Speck, Schalotten und Petersilie fein wiegen, mit Salz und Pfeffer würzen, dünsten. Dann mit der gleichen Menge gewiegtem hartem Ei und geriebenem Parmesan gut mischen. Diese Masse dick auf rechteckige, in Butter gebratene Weißbrotscheiben streichen, in eine Pfanne setzen, mit Butter beträufeln und im heißen Ofen überbacken.

Der Name Schnepfendreck ist etwas irreführend. Es handelt sich um Leber, Herz und Gedärm der Schnepfen. Die feinen Därme sind Anlaß für den Widerwillen, der dieser Delikatesse oft entgegengebracht wird. Aber die Därme werden zu diesem Gericht genommen, weil es Schwierigkeiten bereitet, sie zu trennen. Wenn man so will, stand Nachlässigkeit Pate zu diesem Gericht.

Notizen und weitere Rezepte

Das Haarwild

Unter dem Haarwild nimmt das Reh den ersten Platz ein, ihm folgen Hase, Hirsch, Gemse, Wildschwein usw.. Während der Brunstzeit ist das Haarwild nicht besonders schmackhaft. Seine Vollwertigkeit erlangt es im Herbst, d.h. während der eigentlichen Jagdzeit.

Es gibt viele Menschen, die den Wildarten anhaftenden starken Wildgeschmack und -geruch nicht vertragen. Deshalb ist die Frage aufzuwerfen, ob das zuzubereitende Wild für Kenner oder für Gäste im allgemeinen bestimmt ist. Für den Kenner verstärkt man den Wildgeschmack durch möglichst langes Abhängenlassen in der Decke. Wie schon erwähnt, werden junge Tiere nur abgehangen, bevor sie zubereitet werden. Ältere Tiere beizen wir. Allerdings wird der Braten durch das Beizen trockener und verliert an Nährwert. Statt der kräftigen Beizen werden deshalb heute Butter- oder Sauermilchbeizen vorgezogen.

Bei einer trockenen Beize pinseln wir das enthäutete, gespickte Fleischstück mit Öl ein, belegen es mit Zitronenscheiben, darüber streuen wir Küchenkräuter und Gewürze, beträufeln es mit etwas Cogcac und lassen es dann zugedeckt 2–3 Tage stehen.

Die nasse Wildbeize besteht aus 90 % Wein, 10 % Essig sowie Mirepoix (Rezept s. S. 121) und Gewürzen. In dieser Beize beläßt man das Fleisch ca. 2–4 Tage.

Rotwein, Essig und Wasser je zu einem Drittel, Salz, Zwiebel, Wacholderbeeren und Estragon. Kalt oder heiß über das Fleisch geben.

Rotwein mit Thymian, Pfefferkörnern, Lorbeerblatt, Gewürzkörnern, Petersilienwurzeln, Zwiebel und Majoran aufkochen und abgekühlt über das Fleisch gießen.

Um das Wildbret vom starken Wild-Hautgoût (durch Abhängen entstehender Wildbretgeruch) zu befreien, können wir auch Milchbeizen verwenden:

Milch, Butter- oder Magermilch mit Wacholderbeeren, Lorbeerblatt, Pfefferkörnern und einigen Zitronenscheiben. Kalt über das Fleisch gießen und es 2 bis 3 Tage darin belassen.

Rehwild

Das Rehwild ist in Deutschland am stärksten vertreten. Deshalb wird sein Wildbret auch am häufigsten verwendet.

Junge Rehe haben einen schmalen Kopf, um die Augen braune Ränder und auf der Oberlippe kurze, weiche Borsten. Alte Tiere erkennt man an dem dicken kurzen Kopf, den schwarzen Rändern um die Augen und den starken Borsten an der Oberlippe.

Die verschiedenen Altersstufen wirken sich beim Reh nicht so ausgeprägt aus, wie es beim übrigen Haarwild der Fall ist.

Schmalrehe haben ein Gewicht von 12–14 kg. Ausgewachsene Rehe 18–22 kg.

Am beliebtesten, weil qualitativ am besten, sind die Rücken (Ziemer) und die Keulen (Schlegel). Aber auch aus den Blättern (Schultern) und den Rippenstücken (Bauchlappen) lassen sich noch recht delikate Gerichte bereiten.

Das Gewicht eines Rehrückens beträgt 4–6 Pfund, das einer Keule ca. 5 Pfund. Für eine angemessene Portion muß man 350 g Rücken und mindestens 250 g Keule (Rohgewicht mit Knochen) rechnen.

Das Fleisch junger Tiere wird gebraten und im Innern rosa bzw. saignant und saftig gehalten. Wenn es verbraten ist, ist es vom kulinarischen Standpunkt aus wertlos. Stücke von älteren Tieren werden gedünstet (poêliert).

Rehrücken

4–6 Personen

1 Rehrücken (ca. 1500 g), Salz, Pfeffer, 250 g Räucherspeck in Scheiben, 100 g Butter, $^1/_4$ l saure Sahne, 30 g Butter

Rehrücken enthäuten, mit Salz und Pfeffer einreiben und dicht mit Speckscheiben belegen oder spicken. Im Ofen in etwa 40–50 Minuten rosa braten und ab und zu begießen. Bratensatz mit Wildbrühe oder Wasser ablöschen, mit Butter binden, saure Sahne zugeben. Dazu Schupfnudeln oder Kroketten, Salate und Preiselbeeren.

Cumberlandsauce

1 Apfelsine, ⅛ l Rotwein, 250 g Johannisbeergelee,
1 TL engl. Senf, Salz, 1 TL Zitronensaft

Schale einer Apfelsine (ungespritzt) waschen, von der weißen inneren Haut befreien, in sehr feine Streifen schneiden, mit 3 EL Rotwein vermengen, in einem kleinen Topf 10 Minuten kochen lassen, kalt stellen.
Johannisbeergelee, engl. Senf mit einem Schneebesen gut verrühren, die erkalteten Apfelsinenstreifen mit dem Rotwein hinzufügen, die Sauce mit Salz, Zitronensaft und Rotwein abschmecken.

Hagebuttensauce

400 g Hagebuttenmarmelade, 0,1 l Rotwein, 5 cl
Cognac, 1 Apfelsine, 1 Zitrone, 50 g Tomatenmark,
100 g Meerrettich, engl. Senf, Zwiebel, Pfeffer

Apfelsinen- und Zitronenschale reiben, in Rotwein auf die Hälfte einkochen, durchseihen und kalt stellen. Die Hagebuttenmarmelade mit Tomatenmark, dem durchgeseihten Apfelsinen- und Zitronensaft, dem Cognac, dem Rotweinsud mit einem Schneebesen glattrühren, mit Salz, einer Messerspitze Senf und Pfeffer abschmecken. Den Meerrettich ebenfalls mit der Sauce vermengen. Eisgekühlt servieren.

Waldbeerensauce

150 g Brombeerkonfitüre, 150 g Hagebuttenmar-
melade, 150 g Preiselbeeren, 0,1 l Rotwein, 5 cl
Cognac, 1 Zitrone, ½ TL engl. Senf, Worcester-
shiresauce

Das Obst durch ein Sieb streichen. Rotwein und Cognac hineingießen, ein kleines Stück abgeriebene Zitronenschale und den durchgeseihten Zitronensaft, Senf und die Worcestershiresauce hinzufügen, mit einem Schneebesen glattrühren und eiskalt servieren.

Braune Wildgrundsauce

*500 g kleingehackte Wildknochen, 50 g Wurzelwerk,
3 EL Mehl, Gewürzbeutel, 1 $\frac{1}{2}$ l ungesalzene Fleischbrühe, $\frac{1}{4}$ l Burgunder-Rotwein, Salz, Pfeffer, $\frac{1}{2}$
Zwiebel, Speckschwarte*

Kleingehackte Wildknochen im Fett braun anrösten. Zwiebeln,
Speckabfälle zugeben und alles zusammen gut bräunen. Mehl
stäuben, mit ungesalzener Fleischbrühe auffüllen, Gewürzbeutel
zugeben und kochen lassen (ca. 2–3 Std.); dann passieren. Mit
Salz, Pfeffer und Rotwein würzen.

Wildjus

(klare Wildsauce)

*500 g kleingehackte Wildknochen, 50 g Wurzel-
werk, Gewürzbeutel, 1 $\frac{1}{2}$ l ungesalzene Fleischbrühe,
$\frac{1}{8}$ l Rotwein, Salz, Pfeffer, $\frac{1}{2}$ Zwiebel, Speckschwarte*

Kleingehackte Wildknochen anrösten. Wurzelwerk mit Zwiebeln
und Speckabfällen bräunen. (4–5 mal mit etwas kaltem Wasser
ablöschen und wieder einkochen lassen). Hierbei entsteht natürlicher Glanz und gibt der Jus die schöne braune Farbe. Nun mit ungesalzener Fleischbrühe auffüllen, Gewürzbeutel zugeben und
3–4 Stunden kochen lassen. Passieren und mit Salz, Pfeffer und
Rotwein abschmecken.

Jägersauce

Gehackte Pilze, Tomaten und Zwiebeln kurz anschwitzen, etwas
Weißwein zugeben, zur Hälfte einkochen, mit brauner Grund-
sauce auffüllen, durchkochen und mit gehacktem Kerbel und
Estragon fertig machen.

Rehkeule mit Bratäpfeln

4–6 Personen

1 Rehkeule (ca. 1200 g), 150 g gesalzener Speck, Salz, Pfeffer, 5 Wacholderbeeren, Bratfett, 4–6 Äpfel, $^1/_8$ l Sahne, 20 g Butter, 60 g Rosinen in Rum getränkt

Rehkeule häuten und mit Räucherspeck belegen oder spicken. Mit Salz, Pfeffer und zerdrückten Wacholderbeeren bestreuen, im Ofen unter Begießen von ca. $^1/_4$ l Wasser in etwa 60 Minuten gar schmoren. Aus den Äpfeln das Kerngehäuse entfernen, Höhlung mit Rosinen füllen, die Äpfel etwa 10 Minuten im Ofen braten. Bratensatz mit Sahne binden und abschmecken. Dazu Knödel beliebig und Preiselbeeren.

Rehkoteletten in Bierteig

3–4 Personen

600–750 g Rehkotelett, $^1/_2$ l Brühe, 100 g Mehl, 1 EL Öl, Salz, $^1/_8$ l Bier, 1 Ei, Ausbacköl

Mehl, Öl, Salz, Eigelb und Bier verrühren. Nach $^1/_2$ Stunde steifen Eischnee darunterziehen. Die Koteletten mit Salz und Pfeffer würzen, darin wenden und sofort in heißem Öl schwimmend goldbraun ausbacken. Dazu Zitronenachtel und warmen Kartoffelsalat (Rezept s. S. 130) reichen.

Rehragout

4 Personen

600 g Rehfleisch (ohne Bein), 2 Zwiebeln, 60 g Fett, 125 g Waldpilze, 1 EL Tomatenmark, $^1/_2$ l Brühe, Salz, Pfeffer, Paprika, etwas Rotwein, $^1/_4$ l Sauerrahm

Fleisch vorbereiten, würfeln und würzen, mit kleingeschnittenen Zwiebeln in heißem Fett bräunen, geschnittene Pilze und Tomatenmark zugeben, mit Mehl bestäuben, Brühe auffüllen, Gewürze zugeben und bei schwacher Hitze garen. Das Ragout mit Rotwein abschmecken. Etwas Sauerrahm obenauf geben. Dazu Knödel oder Spätzle und Salate.

Rehrouladen

4 Personen

4 Rehkeulenscheiben je 130–150 g, 250 g Rehfleisch, 125 g Speck, 8 Speckscheiben, 2 Sardellen, 4 alte Brötchen, ¹/₄ l Rotwein, ¹/₂ l Fleischbrühe, Zitronensaft, ¹/₂ Zitrone, ¹/₂ geriebene Zitronenschale, ¹/₄ l Sauerrahm, 50 g Butter, 1 EL Petersilie, Salz, Pfeffer

Die Rehkeulenscheiben mit folgender Farce bestreichen:
Rehfleisch, Speck, die in Rotwein geweichten und gut ausgedrückten Brötchen, Sardellen sowie die in Butter gedämpfte Petersilie durch die feine Scheibe des Fleischwolfes drehen. Mit Salz, Pfeffer, geriebener Zitronenschale würzen. Gut vermengen.
Nun zusammenrollen, mit Salz und Pfeffer würzen und mit Faden binden. Die Rouladen anbraten. Dann unter die Rouladen Speckscheiben legen. Mit Fleischbrühe, Rotwein, Zitronensaft auffüllen, damit die Rouladen gerade bedeckt sind und fertig garen.
Vor dem Anrichten den Faden entfernen. Die Sauce mit Sauerrahm verfeinern und über die Rouladen geben. Dazu Spätzle oder Kartoffelpüree und frische Salate.

Rehsteaks

4 Personen

4 Rehsteaks je 160 g, Öl, Zitronensaft, Salz, 3 Wacholderbeeren, Pfeffer, 1 Zwiebel, 350 g Pfifferlinge, 50 g geräucherte Speckwürfel, 200 g Bearnaise (Rezept Seite 125)

Steaks mit Zitronensaft beträufeln, mit Öl bepinseln, salzen, pfeffern und mit gestoßenen Wacholderbeeren bestreuen, mit der in Scheiben geschnittenen Zwiebel kurz auf beiden Seiten braten, so daß sie innen noch rosa sind. Pfifferlinge mit Speck- und Zwiebelwürfeln anbraten und auf die Steaks geben. Dann Sauce Bearnaise darüber und bei Oberhitze überbacken. Dazu in Mandelblättchen panierte Kartoffelkroketten und Preiselbeeren.

Rehnüßchen in Morchelrahm

4 Personen

600 g Rehrückenfilet, ¹/₂ Zwiebel, 50 g getrocknete Morcheln, ¹/₄ l Sahne, ¹/₈ l Sherry, 3 cl franz. Cognac, ¹/₄ l Wildsauce (Rezept Seite 124)

Aus dem Rückenfilet 12 Scheiben schneiden, leicht plattieren, würzen mit Salz und Pfeffer und rosarot braten. Am Vortage die gut ausgewaschenen Morcheln in Cognac und Sherry marinieren. Zwiebelwürfel anschwitzen und die Morcheln mit Flüssigkeit zugeben. Mit Wildsauce auffüllen und mit Sahne vervollständigen. Die Rehnüßchen mit der Morchelrahmsauce bedekken, dazu Kroketten oder Spätzle reichen.

Gefüllte Rehleber

3–4 Personen

1 Rehleber, 20 g Butter, 1 Zwiebel, 100 g Rindfleisch gehackt, 1 TL Senf, 1 TL Tomatenmark, 1 EL Weißbrotbrösel, 2 EL Fleischbrühe, Salz, Pfeffer, Oregano, 6–8 breite Schinkenspeckscheiben

Die Rehleber häuten, ca. 15 Minuten in lauwarmes Wasser legen, damit sie den bitteren Geschmack verliert, in Scheiben schneiden, jedoch immer 2 Scheiben zusammenhängen lassen. Dann in Milch waschen oder einige Stunden in Milch liegenlassen. Feine Zwiebel goldgelb braten, das Hackfleisch hinzugeben, Senf, Tomatenmark und Brösel daruntermengen, Fleischbrühe in die Farce geben und pikant abschmecken. Die aus der Milch genommene Leber abtrocknen, die Farce zwischen die Scheiben streichen, zusammenklappen und mit Schinkenspeckscheiben umwickeln, mit Pfeffer, Salz und Oregano bestreuen und ausbraten. Dazu Bubenspitzle und Preiselbeeren.

Rehleberknödel

4 Personen

1 Rehleber, 60 g Butter, 1 Zwiebel, 1 EL gehackte Petersilie, 4 alte Brötchen, etwas Milch, 2 Eier, Salz, Pfeffer, Majoran, 120 g Weißbrotbrösel

Die Leber häuten, in Scheiben schneiden und 15 Minuten in lauwarmes Wasser legen, damit sich der leicht bittere Geschmack verliert. Nun die Leber in Milch waschen oder einige Stunden in Milch liegenlassen. Die Zwiebel fein schneiden und mit der Petersilie in Butter leicht andämpfen. Die vorgeweichten Brötchen (in Milch) gut ausdrücken und kurz mit der Zwiebel dämpfen. Die Leber im Wolf durch die feine Scheibe lassen und mit den Eiern unter die Vormasse rühren, würzen. Weißbrotbrösel darunter arbeiten. Diesen Teig ca. 15 Minuten ruhen lassen. Nun mit nassen Händen 8 Knödel formen, in kochendes Salzwasser geben und gar ziehen lassen. Dazu Sauerkraut.

Notizen und weitere Rezepte

Rotwild~Damwild~ Elch~Rentier

Der Rothirsch, auch Cerf genannt, ist das größte Haarwild der Alpen und bis zu 200 kg schwer. Rothirsche bis zu 40 kg werden als Hirschkälber bezeichnet, bis zu 60 kg als Schmaltiere. Bei Hirschen mit einem Gewicht von über 60 kg ist das Fleisch ziemlich trocken. Hirschfleisch von alten Tieren ist dunkel und grobfaserig.

Damhirsche bis etwa 25 kg Gewicht sind Hirschkälber, bis 40 kg Gewicht Schmaltiere.

Schmaltiere sind zu bevorzugen, da das Wild in diesem Alter ausgewachsen ist. Das Fleisch ist überaus zart und bekömmlich.

Elchwild ist für uns selten geworden. Die deutschen Elchjagden lagen im ehemaligen Ostpreußen. Heute müssen die Jäger nördliche Gefilde aufsuchen, vorwiegend Schweden, um Elchwild zu jagen.

Bei der Zubereitung des Elchwildbrets gibt es keine Abweichungen vom Rotwild.

Rentier wird verarbeitet wie Hirsch. Eine Spezialität ist der geräucherte Rentierschinken.

Dem Rot- und Damwildbret älterer Tiere ist ein strenger Wildgeschmack eigen. Solches Wildbret muß länger abhängen oder gebeizt werden. Meist ist auch eine längere Bratzeit erforderlich. Wildbret vom Schmaltier und Spießer ist im Geschmack und in der Verwendbarkeit dem Rehwild gleichzusetzen. Es genügt, dieses Wildbret in kühlen, luftigen Räumen 8–10 Tage abhängen zu lassen. In der Brunftzeit ist die Verwendung der Leber von Hirschen nicht zu empfehlen. Zumindest muß sie besonders sorgfältig gewässert und einige Stunden in Milch gelegt werden.

Bei den vorgenannten Wildarten, und natürlich erst recht beim Elch, teilt man den Rücken je nach Größe in zwei oder mehr Stücke. Vom Rücken ergeben 300 g und von den Keulen 250 g (Rohgewicht mit Knochen) reichliche Portionen. Im Durchschnitt wiegt ein mittlerer Rotwildrücken 25–30 Pfund, ein Damwildrücken 15–20 Pfund, eine Rotwildkeule 20–30 Pfund und eine Damwildkeule 15–25 Pfund.

Rücken und Schlegel von jüngeren Tieren werden gebraten, innen rosa und saftig gehalten, die von älteren Tieren poeliert (gedünstet). Aus dem übrigen werden Kleingerichte und Farcen zubereitet, wie Goulasch, Ragouts usw.

Das Fleisch wird gerne gespickt, um es saftig zu halten.

Hirschschnitzel mit Kirschensauce

4 Personen

600 g Hirschkeulenfleisch enthäutet, 150 g Mandeln gehobelt, 2 Eier, $^1/_2$ l Rotwein, 100 g Zucker, 300 g Schattenmorellen, $^1/_8$ l Sahne, Salz, 4 cl Kirschwasser

Hirschfleisch in 4 Scheiben schneiden und leicht plattieren und salzen. In Mehl wenden, in geschlagene Eier tauchen und mit Mandelplättchen panieren und andrücken. Nun goldbraun braten. Den mit Zucker vermischten Rotwein mit Kirschsaft aufkochen und mit Sahne leicht binden. Kirschen zugeben, mit Kirschwasser abschmecken und um die Schnitzel geben. Dazu Kartoffelbällchen.

Hirschkalbfilet mit gefüllter Rotweinbirne

4 Personen

600 g Hirschfleischfilet enthäutet, 100 g magerer Räucherspeck, $^1/_2$ Zwiebel, Salz, Pfeffer, 200 Pfifferlinge, 4 halbe Birnen, $^1/_4$ l Rotwein, Zucker, 4 TL Preiselbeeren

Hirschfilets in 50 g schwere Medaillons schneiden und leicht plattieren. Mit Salz und Pfeffer würzen, braten und heiß halten. Mit Speck und Zwiebelwürfeln anschwitzen, Pfifferlinge salzen, pfeffern und über die vorher mit brauner Wildsauce übergossenen Filets geben. Die vorher in Rotwein und Zucker gegarten Birnen, ohne Kernhaus, mit Preiselbeeren füllen und garnieren. Dazu Mandelkroketten.

Hirschsteak auf Maronenpüree und Steinpilzen

4 Personen

*640 g enthäutetes Hirschrückenfilet oder Hirsch-
keulenfleisch, 100 g Räucherspeck, Salz und Pfeffer, ¹/₂ Zwiebel, 350–400 g Steinpilze, ¹/₄ l Rotwein, ¹/₄ l Sauerrahm, ¹/₄ l Wildjus (Rezept S. 124),
20 g Mehl, 20 g Butter, 1 EL gehackte Kräuter
(Dill, Estragon, Salbei und Kerbel), 1 kg Maronen,
³/₄ l Milch, 50 g Butter, 50 g Zucker, 1 Prise Salz*

Das Hirschfleisch in 160 g schwere Steaks schneiden. Mit Salz
und Pfeffer würzen und braten. Dann Fleisch warm halten, den
in Würfel geschnittenen Räucherspeck und Zwiebel sowie die
in Würfel geschnittenen Steinpilze gut anschwitzen, mit Wein
ablöschen, Wildjus dazugeben, mit Mehlbutter binden, mit
Sauerrahm und den gehackten Kräutern verfeinern und würzen.
Die von der Schale und der Haut befreiten Maronen in Milch
weichkochen und passieren. Butter untermengen und mit Salz
und Zucker abschmecken.
Die Steaks auf dem Maronenpüree anrichten und mit der Sauce
begießen. Dazu Preiselbeeren, Kroketten und frische Salate.

Hirschleber gespickt auf Fildersauerkraut

4 Personen

*640 g Hirschleber enthäutet, 200 g Spickspeck,
800 g fertiges Sauerkraut, ¹/₂ l frz. Weißwein, 1 cl
Pernod, 200 g blaue Trauben, Salz, Pfeffer, 1 TL
Pistazien, 1 EL Mandelblättchen*

Die Hirschleber in 8 gleichmäßige Scheiben schneiden, dann
über Kreuz spicken und braten. Das Sauerkraut mit Weißwein
und Pernod verfeinern und die halbierten Trauben zufügen. Nun
die mit Salz und Pfeffer gewürzten Hirschleberscheiben auf dem
Kraut anrichten. Obenauf gemahlene Pistazien und Mandelblättchen geröstet, streuen. Dazu Kartoffelpüree rechts und
links der Platte aufspritzen.

Gefüllte Hirschrouladen

4 Personen

800 g Hirschkeule enthäutet, 4 Speckscheiben, 1 Gewürzgurke, 1 EL Senf, Salz, Pfeffer, Gewürzbeutel, 1 TL Tomatenmark, 1 Zwiebel, 200 g Wildhackfleisch mit Ei, Salz und Pfeffer abgeschmeckt, 1/4 l saure Sahne, 1/4 l Rotwein, 1/2 l Fleischbrühe

Das Fleisch in 4 schöne Scheiben schneiden, klopfen und leicht mit Senf bestreichen, mit Speckscheibe belegen, in die Mitte ein Stück Gewürzgurke, angeschwitzte Zwiebelscheiben und etwas Wildhackfleisch geben, zusammenrollen und binden. Mit Salz und Pfeffer würzen und anbraten. Tomatenmark zugeben, mit Rotwein und Fleischbrühe auffüllen, Gewürzbeutel dazu und garen. Passierte Sauce mit Mehlbutter binden, mit saurer Sahne abschmecken und über die Rouladen gießen. Dazu Spätzle und gemischter Salat.

Damwildmedaillons mit Wodka

4 Personen

600 g Damwildrückenfilet, 100 Spickspeck, 150 g gekochter Schinken, Salz, Pfeffer, 40 g Butter, 1 Zwiebel, 5 Wacholderbeeren, 8 cl Wodka, 1/4 l braune Wildjus (Rezept Seite 124), 1/2 l Sauerrahm

Das Damwildrückenfilet in 50 g schwere Filets schneiden und plattieren, über Kreuz spicken, salzen und pfeffern und braten. Zwiebelwürfel und zerdrückte Wacholderbeeren anschwitzen, mit Wodka ablöschen, Wildjus zugeben, abschmecken und mit Sauerrahm verfeinern. Die Medaillons mit der Sauce übergießen und den in Streifen geschnittenen und mit Speckzwiebeln angeschwitzten Schinken obenauf geben. Dazu Polenta (Rezept Seite 130).

Damwildlendchen

4 Personen

600 g Damwildfilet enthäutet, 100 g Spickspeck,
Salz, Pfeffer, 1 Prise Thymian, 8 Wacholderbeeren,
Prise gemahlene Nelken, 300 g Waldpilze, 100 g
Butter, 1/4 Zitrone

Damwildfilets in 50 g schwere Filets schneiden und plattieren, über Kreuz spicken, mit Salz, Pfeffer, gemahlene Nelken, Thymian, fein gehackt, würzen und braten. Bunte Waldpilze mit Speckzwiebeln anschwitzen und auf den Lendchen garnieren. Obenauf eine Scheibe vorher hergestellte Wacholderbutter (zerdrückte Wacholderbeeren in weiche Butter einarbeiten, mit Salz, Pfeffer und Zitronensaft würzen, in Pergamentpapier rollen und kaltstellen). Dazu grüne Knöpfle (Rezept Seite 130).

Elchragout

(ohne Bein) 4 Personen

800 g Elchfleisch, Gewürzbeutel, 1 Zwiebel, Speck-
schwarte, 1/2 l Rotwein, 1 EL Tomatenmark, 30 g
Mehl, 200 g Waldpilze, 100 g Schalotten, 200 g
Karotten, 1 EL Johannisbeergelee, Salz, Pfeffer,
Zucker, 1/2 l Fleischbrühe, 1/4 l saure Sahne,
Petersilie

Elchfleisch in Ragoutstücke schneiden, anbraten, Speck und Zwiebel würfeln, mit etwas Rotwein ablöschen und zugedeckt dünsten. Ist der Fond reduziert, Tomatenmark zugeben und mit Mehl stäuben, leicht bräunen. Mit Fleischbrühe und Rotwein auffüllen, das Fleisch gar machen, Waldpilze, Schalotten und Karotten (rund ausgestochen) und Gewürzbeutel zugeben. Mit Johannisbeergelee, Rotwein, Salz, Pfeffer und einer Prise Zukker würzen. Gewürzbeutel entfernen. Obenauf etwas saure Sahne und gehackte Petersilie. Dazu Knödel.

Elchsteaks

4 Personen

4 Elchsteaks à 80 g, 4 Scheiben Speck, 4 halbe Äpfel, 0,4 l Sahne, 4 Eier, Butter, Salz, 5 TL Preiselbeeren, 2 Wacholderbeeren, Öl, $^1/_4$ l Rotwein, Pfeffer, 8 cl Cognac, 20 g Butter, $^1/_8$ l Sahne, $^1/_4$ l Weißwein, 1 Gewürzbeutel, frischer Dill

Jedes Steak wird mit einer Scheibe Speck umwickelt, gesalzen und gepfeffert. Halb Butter und halb Öl in die Pfanne geben und die Steaks schön rosig braten. Den Bratensatz mit Rotwein und Cognac ablöschen. Den Bratensatz nun mit Butter und Sahne binden und 1 EL Preiselbeeren zugeben, mit Gewürzbeutel durchkochen lassen, passieren und mit Sahne verfeinern. Sauce über die Steaks geben.
Rühreier mit 2 feingehackten Wacholderbeeren und mit frischem, gehacktem Dill bestreuen und über die Steaks geben.
Vier halbe geschälte Äpfel in Weißwein und Cognac weich dämpfen und mit Preiselbeeren füllen. Dazu Kartoffeln, Klöße oder Kroketten und frische Salate.

Rentierfilets mit Multbeeren

4 Personen

600 g Rentierfilet, 1 Zitrone, Salz, Pfeffer, 50 g Morcheln, $^1/_2$ Zwiebel, $^1/_2$ l braune Wildsauce (Rezept Seite 124), 2 cl Sherry, 2 cl Cognac

Pro Person 3 Filets à 50 g schneiden, leicht anklopfen, mit Salz, Pfeffer, etwas Zitronensaft würzen und braten. Im Bratensatz feine Zwiebeln anschwitzen, Morcheln zugeben und mit brauner Wildsauce auffüllen. Mit Zitronensaft, Cognac, Sherry, Salz und Pfeffer würzen. Die Filets auf Kartoffelpüreesockel anrichten und mit der Sauce begießen. Dazu Multbeeren (Waldbeeren aus Skandinavien).

Rentierbraten

4 Personen

1 kg Rentierkeule (ohne Bein), 200 g Spickspeck, Gewürzbeutel, Salz, Pfeffer, 1 TL Tomatenmark, $\frac{1}{2}$ l Rotwein, $\frac{1}{2}$ l Fleischbrühe, $\frac{1}{8}$ l Sahne, 2 EL Wurzelgemüse

Enthäutetes Keulenfleisch spicken, mit Salz und Pfeffer würzen, anbraten, mit Wasser ablöschen, unter fleißigem Begießen im Ofen garen. Wurzelgemüse anschwitzen, Tomatenmark zugeben, mit Rotwein und Fleischbrühe auffüllen. Gewürzbeutel zugeben. Durchkochen, passieren und mit Salz und Pfeffer abschmecken. Mit Sahne sämig machen. Dazu gekochtes Backobst und gekochte Kartoffelknödel servieren.

Notizen und weitere Rezepte

Hase~Wildkaninchen

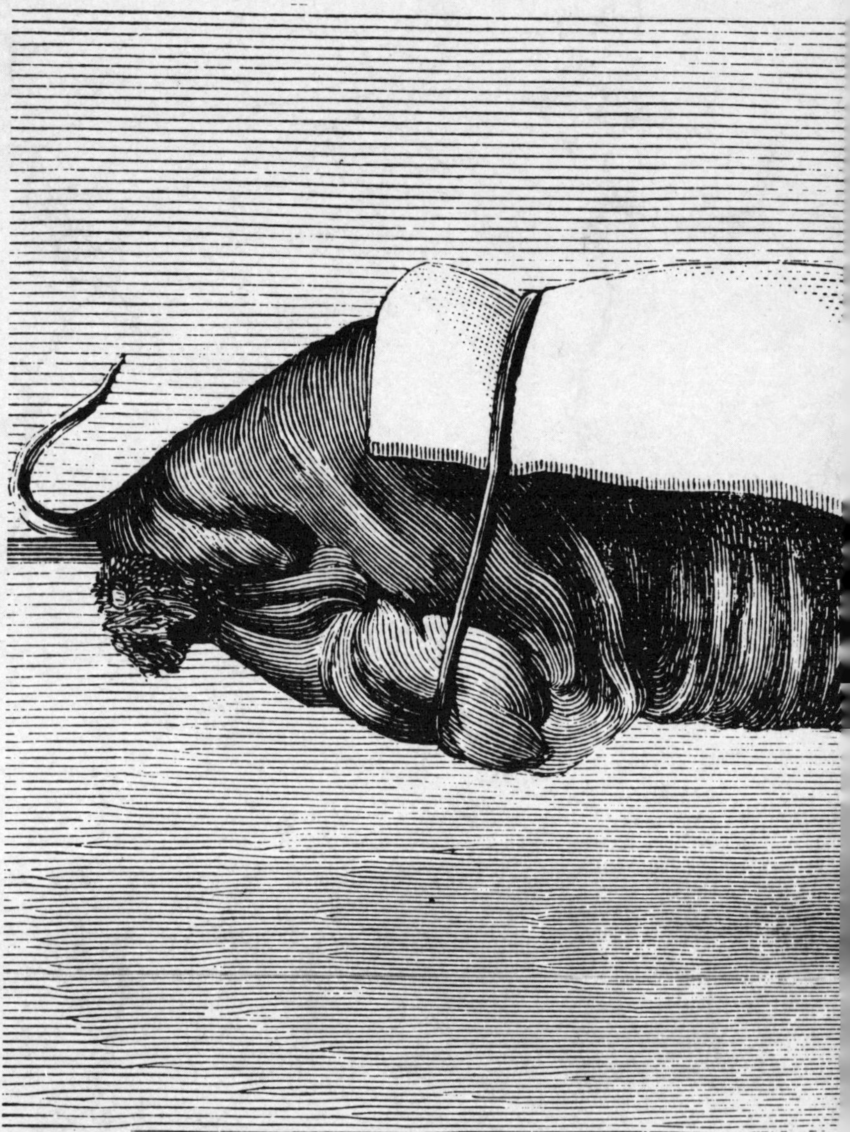

Es ist zweckmäßig, den Hasen ein bis zwei Wochen, je nach Witterung, im Balg und in frischer Luft abhängen zu lassen, bevor das Tier verwertet wird. Da Hasen ohnehin nur in der kalten Jahreszeit geschossen werden dürfen, macht das Abhängen keine Schwierigkeiten. Für die Zubereitung ist es wichtig zu wissen, ob Sie einen jungen oder alten »Meister Lampe« haben. Dafür gibt es folgende Merkmale:

Bei jungen Hasen läßt sich der äußere Rand der Löffel (Ohren) leicht einreißen, bei alten Hasen nicht. Hasen im ersten Lebensjahr haben kurz über dem Vorderfußgelenk eine knötchenförmige Verdickung. Die Zähne junger Hasen sind weißlich und spitz. Mit zunehmendem Alter der Tiere werden die Zähne dunkler und stumpfer. Es genügt, junge und mittelalte Hasen abhängen zu lassen. Alte Tiere sollten Sie außerdem in Beize legen.

Waldhasen haben besseres Fleisch als Feldhasen.

Das Wildkaninchen ist kleiner und kürzer als der Hase, außerdem fahlgrau gefärbt. Der Hase dagegen rötlichbraun. Das Fleisch ist nicht dunkel wie beim Hasen, sondern weiß. In der Zubereitung besteht kaum ein Unterschied, sofern es sich um Rücken und Keulen handelt. Zum Braten sollte man das Fleisch des Kaninchens mit etwas Senf bestreichen, um es pikanter zu machen.

Wildkaninchen sind vor allem in England und Frankreich heimisch. Sie genießen keine Schonzeit.

Ein mittelschwerer Hase, von dem man nur den Rücken mit den anhängenden Keulen als Braten verwendet, ergibt 4 Portionen. Ein Wildkaninchen reicht für zwei bis drei Portionen.

Wenn Sie einen Hasen im Fell bekommen, so wissen Sie, wie man ihm den Balg über den Kopf zieht:

Zum Abziehen des Felles wird der Hase mit den Hinterläufen an einem entsprechend hoch angebrachten Haken, mit dem Rücken gegen die Wand, aufgehängt. Dann schneidet man das Fell mit einem scharfen Messer rings um die Pfötchen ein, macht an der Innenseite des Laufes einen Schnitt bis zur Blume (Schwänzchen) und zieht, mit dem Messer ein wenig nachhelfend, den Balg mit beiden Händen bis zum Kopfansatz herunter, wo er mit dem Kopf abgeschnitten werden kann. Wer sich zum erstenmal an dieses Abenteuer heranwagt, wird aufatmen, diesen Arbeitsgang hiermit abschließen zu können.

Hasenbraten

4–5 Personen

1 Hase, etwas Butter, 150 g fetter Speck,
$^{1}/_{8}$ l saure Sahne, 20 g Butter, $^{1}/_{2}$ l Fleischbrühe

Den Hasen vorbereiten (Keulen, Läufe vom Rücken lösen), mit Salz einreiben, mit Butter bestreichen. Speckscheiben um Läufe und Keulen wickeln, dann etwa 15 Minuten im Ofen braten. Hasenrücken dazulegen und weiterbraten (ca. 30 Minuten je nach Alter des Hasen), bis das Fleisch gar ist, dann herausnehmen und warm stellen.

Bratensatz mit Brühe löschen, aufkochen; Butter und saure Sahne zugeben und abschmecken. Mit Kartoffelkroketten und Rotkohl servieren. Dazu Preiselbeeren reichen.

Hasenfilet im Hefeteig

3–4 Personen

Gebeizter Hasenrücken, 100 g Räucherspeck zum
Spicken, Salz, Pfeffer, 350 g Mehl, 20 g Hefe,
$^{1}/_{4}$ l Milch, 30 g Butter, 30 g Zucker, 1 Ei, 1 Prise
Salz, 1 EL Senf, 1 EL Olivenöl, $^{1}/_{8}$ l Rotwein,
$^{1}/_{2}$ l Brühe, 200 g Johannisbeergelee

Die Filets lösen, spicken, mit Salz und Pfeffer würzen und mit Olivenöl bepinseln. Gleichmäßig von allen Seiten anbraten, damit sich die Poren schließen.

Inzwischen das Mehl in eine Schüssel geben und die in $^{1}/_{8}$ l lauwarmer Milch gelöste Hefe zugeben. Diesen Vorteig kurz gehen lassen. Die zerlassene Butter, Zucker, Ei und Salz hinzufügen, die restliche lauwarme Milch dazu und zu einem glatten Teig

verarbeiten. Den Teig mit einem Tuch bedeckt gehen lassen.
Nun die beiden Filets in den gegangenen Hefeteig einhüllen, mit
Butterflöckchen belegen und im Rohr ca. 45 Minuten backen.
Dazu braune Wildsauce mit Madeira verfeinert. Apfelmus.

Gebratenes Hasenfilet mit Hagebuttensauce

2–3 Personen

2 Hasenrückenfilets, 100 g Räucherspeck, Salz,
Pfeffer, Mehl, Senf, Öl, Majoran

Die Filets in schräge Scheiben schneiden, ausklopfen, von beiden Seiten mit Pfeffer und einer Messerspitze Majoran einreiben
und dünn mit Senf bestreichen. Leicht in Öl wenden, aufeinan-
derschichten, in den Kühlschrank stellen, am besten über Nacht,
damit die Gewürze das Fleisch durchdringen.
Den Speck in gleichmäßige Scheiben schneiden, einkerben und
ausbraten. Dadurch erhalten die Speckscheiben Hahnenkamm-
formen. Aus dem Fett herausnehmen und warm halten.
Die Hasenfilets salzen, in Mehl wenden und im heißen Speck-
fett bei starker Hitze auf beiden Seiten braten. Die Filets mit
den Speckscheiben garnieren, mit Bratkartoffeln umlegen. Dazu
kalte Hagebuttensauce (Rezept Seite 126).

Dippe-Has mit Semmelklößen

4–6 Personen

4 Hasenkeulen, Salz, Pfeffer, 300 g durchwachse-
nes Schweinefleisch, 80 g Speckstreifen, 1 Zwiebel,
Gewürzbeutel, $^1/_2$ l kräftiger Rotwein, $^1/_2$ l Hasen-
blut (Essig zugesetzt), 100 g geriebenes Schwarz-
brot, Thymian, 6 cl Weinbrand, 20 g Butter, $^1/_4$ l Sau-
errahm

Die Hasenkeulen in gleichmäßige Stücke zerteilen, mit Salz und
Pfeffer würzen. Mit dem Schweinefleisch, das in gleichgroße
Stücke zerschnitten wird, schichtweise mit feingeschnittenen
Zwiebeln, Salz, Pfeffer und Gewürzbeutel in einen verschließ-

baren Topf geben, mit Hasenblut (Essig zugesetzt) und kräftigem Rotwein bedeckt übergießen, mit geriebenem Schwarzbrot, etwas Thymian und gebratenen Speckstreifen bestreuen und ohne den Topf zu öffnen für 2 Stunden in den Ofen geben. Das Gericht wird mit Salz und Pfeffer abgeschmeckt, mit einem Schuß Weinbrand vollendet und gegebenenfalls mit etwas Butter nachgebunden. Die Sauce mit Sauerrahm verfeinern. Obenauf gehackte Petersilie. Dazu Semmelknödel mit Butterbröseln übergossen.

Hasenpfeffer

2–3 Personen

1 Hasenklein (Brust- und Bauchstücke, Hals, Herz, Leber und Nieren) $1/2$ l Fleischbrühe, 50 g magerer Speck, gewürfelt, 1 Zwiebel, gewürfelt, Salz, Gewürzbeutel, Zucker, 1 TL Zitronensaft und $1/8$ l Rotwein, 1 Tasse Hasen- oder Schweineblut (nach Belieben)

Hasenklein waschen, in Ragoutstücke teilen (falls notwendig, einige Tage in Rotweinbeize marinieren), scharf anbraten, Zwiebelwürfel und Speck zugeben, mit etwa $1/2$ l Fleischbrühe auffüllen, salzen und Gewürzbeutel zugeben. Zugedeckt bei schwacher Hitze etwa 60–70 Minuten schmoren. Gewürzbeutel entfernen. Vor dem Anrichten mit Rotwein und Zitronensaft abschmecken und eine Spur Zucker zugeben. Zuletzt das Blut in die vom Feuer genommene Soße rühren, nicht mehr kochen! Wenn das Fleisch gebeizt wurde, nach dem Bräunen mit verdünnter Marinade auffüllen. Dazu Nudeln, Spätzle oder Kartoffelbrei und Salat.

Hasenrollen

4–6 Personen

2 Hasenkeulen, 2 Hasenläufe, Pfeffer, 4 Wacholderbeeren, 2 altbackene Brötchen, 1 Ei, 2 gewürfel-

te Zwiebeln, 65 g magerer Speck, Salz, Majoran,
Öl, $^1/_2$ l Brühe, 20 g Mehl, 20 g Butter, $^1/_8$ l
saure Sahne

Knochen aus Keulen und Läufen lösen, das Fleisch flach klopfen und mit Pfeffer und gestoßenen Wacholderbeeren einreiben. Brötchen einweichen und ausdrücken, mit Ei, einer Zwiebel und gewürfeltem, angeröstetem Speck mischen, mit Salz, Pfeffer und Majoran würzen. Die Masse auf die Fleischscheiben streichen, fest zusammenrollen und mit Faden umwickeln. In heißem Öl von allen Seiten bräunen, mit Brühe aufgießen, eine Zwiebel hinzufügen und in geschlossenem Topf gar dünsten (ca. 45 Minuten). Bratensauce mit Mehlbutter binden, aufkochen, mit saurer Sahne verfeinern und abschmecken. Dazu Spätzle und frische Salate.

Gefüllter Hase mit Kalbshirn

4–6 Personen

1 junger Hase, Salz, Pfeffer, Thymian, Oregano,
Herz, Leber des Hasen, 150 g Schweinehackfleisch,
2 Eier, 1 Kalbshirn, 1 Schweinenetz, $^1/_8$ l Fleisch-
brühe, $^1/_8$ l Weißwein, $^1/_4$ l Sauerrahm

Den gehäuteten Hasen innen und außen mit Salz und Pfeffer einreiben. Herz und Leber vorher kochen und klein zerschnitten unter das Schweinehackfleisch mengen. Das gründlich gesäuberte und gehäutete Kalbshirn zugeben sowie die Eier und nach Geschmack würzen. Den Hasen füllen, zunähen, in das Schweinenetz wickeln und unter öfterem Begießen im Rohr braten (ca. 1 Stunde).

Dem Bratensaft Weißwein zugeben und mit Sauerrahm binden. Dazu handgeschabte Spätzle.

Wildkaninchen mit Pilzen und Estragon

4–6 Personen

1 Wildkaninchen, $^1/_4$ Zwiebel, gewürfelt, 1 kleine
Karotte in Stücken, $^1/_2$ Knoblauchzehe, $^1/_4$ l trockener

Weißwein, ¹/₄ l Fleischbrühe, 250 g frische Champi-
gnons, 1 TL frischer, gehackter Estragon, Salz, Pfef-
fer, Bratfett (Öl)

Das Kaninchen wird wie üblich geteilt, gewürzt mit Salz und
Pfeffer und zusammen mit Zwiebel, Karotte und Knoblauchzehe
angeröstet. Mit Weißwein und Fleischbrühe auffüllen, Gewürzbeutel zugeben und zugedeckt schmoren lassen (ca. 40 Minuten).
Vor dem Garwerden die Stücke herausnehmen, in eine Kasserolle
geben, geviertelte, angebratene Champignons hinzufügen, die
Sauce darüberpassieren und alles zusammen garen. Zum Schluß
den gehackten Estragon beigeben. Dazu Kartoffelkroketten.

Wildkaninchen mit Gemüsen

4–6 Personen

1 Wildkaninchen, 3 Auberginen, 4 Zucchini, 3 rote
Paprikaschoten, 2 große Zwiebeln, 1 kg Tomaten,
5–6 EL Tomatenpüree, 2 Knoblauchzehen, 100 g
Wurzelgemüse in Würfel, je 1 Dutzend grüne und
schwarze Oliven, 0,3 l Weißwein, 0,15 l Öl, Salz,
Pfeffer

Das Kaninchen in nicht zu große Stücke zerteilen, in einer Kasserolle Öl erhitzen, die Fleischstücke hineinlegen, ab und zu um-
drehen und langsam garen, damit sie noch helle Farbe haben.
Dann herausnehmen und heißhalten.
Die sehr fein gehackten Zwiebeln in die Kasserolle geben und
kurz dünsten, die in dünne Scheiben geschnittenen Auberginen
zugeben und beides zusammen gut durchdämpfen. Wurzelgemüse, Zucchetti- und Tomatenwürfel und die in Streifen geschnittenen Paprikaschoten ebenfalls beifügen. Wenn alles Gemüse
leicht angebräunt ist, Wein und Tomatenpüree darübergießen
und nochmals aufkochen. Die Sauce und das Fleisch gesondert
reichen. Dazu passen Nudeln.

Kaninchencurry

4–6 Personen

1 Kaninchen, Salz, etwas Suppengrün, 1 Zwiebel, 4 weiße Pfefferkörner, Muskatblüte, 65 g Butter, 4 Zwiebeln, 2 saure Äpfel, 1 Banane, 100 g Rosinen (nach Belieben), 1 TL Curry Madras, 10 g Butter, ¹/₄ l süße Sahne

Kaninchen vorbereiten und zerlegen, mit Salz, geschnittenem Suppengrün, Zwiebel, weißen gestoßenen Pfefferkörnern und Muskatblüte in kochendes Wasser geben, so daß das Gargut bedeckt ist, und auf kleiner Flamme garen (ca. 40 Minuten). Geschnittene Zwiebel und in Würfel geschnittene Äpfel und Banane in Butter dünsten, das von den Knochen gelöste und zerkleinerte Fleisch dazugeben, mit ³/₄ l Kaninchenbrühe auffüllen. Eingeweichte Rosinen (nach Belieben) und Curry hinzufügen, 10 Minuten kochen lassen, die Brühe mit Sahne binden, nochmals aufkochen. Mit Reis oder im Reisring servieren. Wenn Sie unter den Reis etwas gehobelte Mandeln oder Nüsse geben, so haben Sie einen delikaten Mandel- bzw. Nußreis.

Kaninchen mit Pflaumen

3–4 Personen

1 kleines Kaninchen, 125 g geräucherter Speck, 125 g schöne Kurpflaumen, 125 g Rosinen, 24 kleine Zwiebelchen, 30–40 g Butter, Gewürzbeutel, ¹/₂ l Brühe, Salz, Pfeffer

In eine kleine Kasserolle 30–40 g Butter geben, heiß werden lassen und den in kleine Streifen (Lardons) geschnittenen Speck anrösten. Die Speckstreifen herausnehmen und das zerteilte Kaninchen in der Kasserolle anbraten, ebenfalls herausnehmen und die Zwiebelchen anrösten. Nun das Kaninchen und die Speckstreifen wieder in die Kasserolle geben und mit entfetteter Fleischbrühe knapp auffüllen, salzen und pfeffern, Gewürzbeutel zugeben und dann zugedeckt garen. Nach ca. 1 Stunde die gewaschenen Kurpflaumen und Rosinen hinzufügen, alles abermals $\frac{1}{2}$ Stunde bei kleiner Hitze ziehen lassen. Nötigenfalls noch etwas Flüssigkeit zusetzen. Dazu Semmelknödel.

Kaninchen-Würstchen

4 Personen

400 g schieres Kaninchenfleisch, 5 Brötchen, ¼ l Milch, 2 Eier, 1 Eiweiß, 40 g flüssige Butter, Salz, Pfeffer, geriebene Muskatnuß, 1 Prise gestoßene Nelken, zum Panieren: Mehl, Ei, Brotbrösel

Das Kaninchenfleisch durch die feine Scheibe des Fleischwolfes drehen, dann noch einmal zusammen mit der gleichen Menge in Milch eingeweichte und gut ausgedrückte Brötchen. Dann Eier und Eiweiß, Butter zugeben, kräftig mit Salz, Pfeffer, geriebener Muskatnuß und einer Prise gestoßener Nelke würzen. Die gut durchgearbeitete Masse auf einem bemehlten Brett zu kurzen, nicht zu dicken Würstchen formen, in heißem, leicht gesalzenem Wasser garen (ca. 15 Minuten). Abtropfen und gut auskühlen lassen, mit Ei und weißer Brotkrume panieren, durch flüssige Butter ziehen und in der Pfanne braten. Dazu Kartoffelsalat sowie auch frische grüne Salate.

Schwarzwild

Junges Wildschwein, Frischling, Marcassin

Kenner schätzen das Fleisch des Frischlings, weil er mit dem Geschmack des Schweinefleisches auch den des Wildbrets in sich vereinigt. Junge Tiere haben eine glatte, leicht gefurchte Schnauze und weiße, spitze Eckzähne. Je jünger das Tier ist, desto zarter und feiner ist das Fleisch. Der Frischling wird wie ein Schwein zerteilt und die Teile vorwiegend gebraten. Ganz junge Frischlinge können auch im ganzen am Spieß gebraten werden. Frischlinge haben ein Gewicht bis zu 30 kg. Überläufer von 30 bis 40 kg. Alttiere über 40 kg.

Wildschwein – Sanglier

Alte Tiere erkennt man an den stark abgeschliffenen Eckzähnen und den in der Mitte des Oberkiefers befindlichen langen Borsten. Das Fleisch von alten Ebern (männliches Wildschwein) riecht und schmeckt unangenehm und kommt für die Küche nicht in Frage. Das Fleisch alter Tiere wird vorwiegend mit Wurzelwerk gekocht oder gedünstet.

Für die gepflegte Küche kommen nur Jungtiere, die sogenannten Marcassins, in Betracht. Der Feinschmecker schätzt besonders Rücken und Keule. Die beim Reh genannten Zubereitungsarten gelten auch hier.

Frischlinge werden mit der noch zarten Haut zubereitet. Bei allen älteren Tieren muß die Schwarte entfernt werden. Auch ist zu empfehlen, das Wildbret älterer Tiere ein bis zwei Wochen in Beize zu legen, zumindest aber abhängen zu lassen. Besondere Spezialität vom Schwarzwild ist geräucherter Wildschwein-Schinken.

Im Durchschnitt beträgt das Gewicht

eines Rückens	vom Frischling	6 Pfund
	vom Überläufer	10 bis 12 Pfund
	von 3–4 jährigen Sauen	25 Pfund und mehr
einer Keule	vom Frischling	5 Pfund
	vom Überläufer	10 Pfund
	von 3–4 jährigen Sauen	20 Pfund und mehr

Für eine Portion reichen ca. 300 g vom Rücken und 250 g von der Keule (Rohgewicht mit Knochen).

Frischlingsrücken mit Mandarinen

4 Personen

1400 g Frischlingsrücken, Salz, Pfeffer, 1 Zwiebel,
3 EL Öl, 30 g Butter, 1 EL Weinbrand, 1 kleine Dose
Mandarinen, 1 Apfelsinenschale, ¹/₄ l süßer Rahm

Frischlingsrücken mit Salz und Pfeffer einreiben. Unter Begießen gar braten (ca. 1 Std.). Zwiebelwürfel anschwitzen, etwas Wasser zugießen, in Streifen geschnittene Schale einer Orange (ohne Weißes) zugeben, mit Salz und Pfeffer, Mandarinensaft, Weinbrand und Süßrahm abschmecken. Warme abgetropfte Mandarinen in die Sauce geben und den Rücken übergießen. Dazu trockener Reis oder Mandelkroketten.

Frischlingskoteletts

4 Personen

8 Frischlingskoteletts, Salz, Pfeffer, ¹/₂ Zwiebel,
100 g Speckwürfel, 400 g gedünsteter Staudenselle-
rie, 300 g frische Champignons, 1 TL Petersilie,
¹/₄ l Sauerrahm

Speckwürfel anschwitzen, feine Zwiebeln zugeben, Champignonscheiben darin garen, in grobe Stücke geschnittenen Staudensellerie zugeben und mit Salz und Pfeffer würzen.
Die mit Salz und Pfeffer gewürzten Frischlingskoteletts braten und vorgenannte Garnitur darübergeben. Mit Sauerrahm und Petersilie obenauf garnieren. Dazu Wildrahmsauce, Kroketten oder Bubenspitzle.

63

Wildschweinrücken in Bier

4 Personen

1600 g Wildschweinrücken gehäutet, Salz, Zucker, Saft einer halben Zitrone, 100 g Wurzelgemüse, 30 g Schmalz, 30 g Butter, $^1/_4$ l saure Sahne, 1 EL Johannisbeergelee, $^1/_2$ l Braunbier, $^1/_4$ l Fleischbrühe

Den Rücken gar braten. In Würfel geschnittenes Wurzelgemüse (Sellerie, Karotten, Zwiebel) zugeben, den Bratensatz mit Braunbier und Fleischbrühe ablöschen. Passieren. Johannisbeergelee und saure Sahne dazugeben, mit Salz, Zitronensaft und etwas Zucker abschmecken. Als Beilage Knödel und Preiselbeeren oder Apfelmus.

Wildschweinsteak mit Trauben

4 Personen

600 g Rückenfilet oder enthäutetes Keulenfleisch, Thymian, Salz, Pfeffer, 5 cl Portwein, $^1/_2$ l braune Wildsauce (Rezept Seite 124), 1 TL Kakaopulver, 6 cl engl. Gin, 20 g Butter, 12 blaue Trauben, 12 weiße Trauben, 60 g gehobelte Mandeln

Nicht zu dick geschnittene Steaks mit Thymian, Salz und weißem Pfeffer würzen und anbraten. Mit Portwein ablöschen und die Steaks warm halten. Den Bratensatz mit Wildsauce verkochen, mit 1 TL Kakaopulver binden. Mit Salz, Pfeffer und Gin würzen. Die Steaks übergießen. In Butter angeschwitzte, abgezogene, entkernte weiße und blaue Weintrauben mit gehobelten Mandeln über die Steaks geben. Dazu Weinkraut und Kroketten.

Wildschweinmedaillons mit Steinpilzen

4 Personen

600 g Wildschweinrückenfilet oder Wildschweinfilet, $^1/_2$ Zwiebel, $^1/_4$ l Süßrahm, $^1/_8$ l Milch, 1 Pfund

Steinpilze, Salz, Thymian, Pfeffer, 1 TL Zitronen-
saft, 20 g Butter, Petersilie

Pro Person 3 kleine Medaillons à 50 g schneiden und leicht anklopfen. Zwiebelwürfel in Butter anschwitzen, Steinpilze, Süßrahm und Milch zugeben. Aufwallen bis die Sauce mit den Pilzen cremig ist. Mit Zitronensaft und Salz abschmecken.
Die Medaillons mit Salz, Pfeffer und etwas Thymian würzen und braten. Die Steinpilze obenauf geben und mit gehackter Petersilie bestreuen. Dazu Herzoginkartoffeln.

Wildschweinbraten mit Waldpilzen

4–6 Personen

1 kg Wildschweinkeule, Salz, Pfeffer, 30 g Schmalz,
¹/₄ l Rotwein, 1 Zwiebel, 1 EL Johannisbeergelee,
¹/₂ l saure Sahne, 400 g Waldpilze, 1 Karotte, kleine
Sellerieknolle, Stückchen Speckschwarte, Gewürz-
beutel

Fleisch mit Pfeffer und Salz einreiben. Kurz mit Schmalz anbraten, mit Wasser und Rotwein auffüllen, unter regelmäßigem Begießen im Ofen garen. Speckschwarte zufügen.
In Würfel geschnittene Karotte, Sellerie und Zwiebel anschwitzen, mit Bratsatz auffüllen und kurz den Gewürzbeutel dazugeben. Sauce passieren. Johannisbeergelee und Waldpilze zusetzen, durchkochen, mit Salz und Pfeffer abschmecken und mit Sauerrahm verfeinern. Dazu Kartoffelklöße und Heidelbeerrotkohl.

Wildschweinkeule mit Lebkuchen

4–6 Personen

1 kg Wildschweinkeule, Salz, Pfeffer, 30 g Schmalz,
4 Lebkuchen, 30 g Rosinen, 30 g Korinthen, 30 g
gestiftelte Mandeln, ¹/₄ l Rotwein, Gewürzbeutel,

$^1/_4$ l Sauerrahm, 20 g Butter, $^1/_2$ l Fleischbrühe, 1
Zwiebel

Fleisch mit Pfeffer und Salz einreiben, mit Schmalz kurz braten,
mit Rotwein und Fleischbrühe auffüllen und unter Begießen im
Rohr garen.
Zwiebelwürfel angehen lassen, Bratensatz zugeben, zerkleiner-
ten Lebkuchen, eingeweichte Rosinen und Korinthen sowie
Mandelstifte zugeben, nochmals kurz mit Gewürzbeutel durchkochen lassen, Gewürzbeutel entfernen und mit Sauerrahm verfeinern. Dazu Semmelknödel und Rotkraut.

Notizen und weitere Rezepte

Gemse~Muffelwild~ Steinwild

Gamswild ist in Deutschland in den Alpen und im Schwarzwald heimisch. Besonders die jungen Gemsen liefern ein sehr wohlschmeckendes, würziges Wildbret. Die Gemse wiegt ca. 18–28 kg und wird zerlegt wie das Reh. Junge Gemsen haben helleres und feinfaserigeres Fleisch als die alten Tiere. Auch haben die jungen Gemsen schlanke Beine, diejenigen der alten Tiere sind dagegen grobknochig und stark mit Haar bewachsen.

Das Fleisch der Gemse ist nicht so schmackhaft wie das Fleisch des Rehes. Das Fleisch älterer Tiere hat einen strengen Geschmack und muß daher einige Tage gebeizt werden. Es eignet sich auch nur zum Dünsten. Geschätzt ist der Braten einjähriger Gemsen. Fleischteile, Benennung, Verarbeitung und Verwendung sind wie beim Reh.

Der Gemsenrücken wiegt 6–10 Pfund. Die Gemsenkeule ca. 8–12 Pfund. Für eine normale Portion reichen ca. 350 g Rücken und 250 g Keule (Rohgewicht).

Gemsenbraten

4 Personen

1800 g Ziemer (Rücken) oder 1 kg Schlegelfleisch (Keule), beides enthäutet, $\frac{1}{2}$ l Rotwein, $\frac{1}{4}$ l Sauerrahm, 1 Zitrone, 20 g Butter, 1 Zwiebel, Salz, Pfeffer, 200 g Spickspeck, 1 TL Tomatenmark

Gemsfleisch reichlich spicken, mit Salz, Pfeffer, geriebener Zitronenschale würzen, anbraten, mit Rotwein und Fleischbrühe ablöschen und unter Begießen im Rohr garen. Fleisch herausnehmen und warmhalten. Zwiebelwürfel, Zitronenfilets und Tomatenmark in den Bratsatz geben, mit Gewürzbeutel durchkochen, mit saurer Sahne verfeinern, mit Salz und Pfeffer abschmecken und über den Braten geben. Dazu Spätzle oder Knödel und Preiselbeeren.

Weitere Rezepte wie beim Reh.

Das Muffelwild (Widder- und Muffelschaf) ist ein Wildschaf, das von Sardinien und Korsika nach Deutschland eingeführt wurde und sich in verschiedenen Gegenden eingebürgert hat. Der Widder trägt als Kopfwaffe Schnecken. Das Muffelwild liefert ein wohlschmeckendes Wildbret, das dem Gamswild und Steinwild ähnelt. Es kann deshalb auch wie diese Wildbretarten zubereitet werden.

Steinwild gehört zwar zu den jagdbaren Tieren, genießt aber in Deutschland ganzjährige Schonzeit. Es kommt in Europa nur in einigen Bezirken der Alpen vor. Diese Wildbretart kommt daher höchst selten in die Küche.

Im Durchschnitt wiegen ein Muffelwild-Rücken 6–8 Pfund, eine Muffelwild-Keule 6–9 Pfund und ein Steinwild-Rücken ca. 4 Pfund, eine Steinwild-Keule ca. 5 Pfund (Rohgewicht).

Wildgeflügel

Beim Federwild zählt nicht das prächtige Gefieder der verschiedenen Tiere, sondern das Alter. Alte Tiere werden im Fleisch hart und zäh. In der Regel sollten nur junge Tiere serviert werden, dessen klassische Zubereitung das Braten ist. Alte Tiere verwendet man für Pasteten, Farcen usw.. Sie müssen mariniert und dann gedünstet werden. Ganz alte Tiere sind nur noch zu Saucen, Püree, Galantinen usw. zu verwenden.

Fasan, Rebhuhn, Schnepfe und Steinhuhn müssen vor ihrer Verwendung in den Federn einige Tage an einem luftigen, kühlen Ort freischwebend aufgehängt werden, um sie dadurch mürbe zu machen (faisandieren). Die Bauchdecke darf sich leicht grünlich färben, jedoch keinen üblen Geruch annehmen. Auch hier sprechen wir von Hautgoût.

Frisch verarbeitet werden Haselhuhn, Schneehuhn, Wachtel, Wachtelkönig, Wildente, Wildgans, Birkhahn, Auerhahn, Krickente und Trappe.

Haselhuhn, Birk- und Auerhahn werden nicht gerupft, sondern abgezogen, damit das unter der Haut liegende Fett, das beim Braten leicht einen ranzigen Geschmack entwickelt, entfernt wird.

Mit Ausnahme der Schnepfe wird alles Wildgeflügel ausgenommen und wegen seines fettfreien Fleisches mit fettem, gesalzenem Speck umhüllt. Die Lebern werden meistens als Farce bereitet und auf Brotcroûtons, die man dreieckig schneidet, aufgestrichen und zum Geflügel mitserviert (Wildkrüstchen).

Fettammern, Krammetsvögel, Lerchen und verschiedene andere Singvögel gelten in manchen Ländern als Leckerbissen, dürfen bei uns jedoch nicht bejagt werden.

Notizen und weitere Rezepte

Fasan

Der Fasan hat ein farbenprächtiges Gefieder, die Henne ist graubraun gefärbt. Das Alter erlegter Fasane kann man am Brustbein erkennen. Es ist bei jungen Tieren noch biegsam, bei alten kaum oder gar nicht. Auch sind die Sporen bei jungen Fasanen kürzer als bei den älteren. Zum Braten sollte man nur junge Tiere verwenden. Sie sind eine ausgesprochene Delikatesse. Ein mittlerer Fasan wiegt ca. 2 Pfund und reicht für 2 Personen.

Seine Heimat sind die Kaukasusländer. Er war schon römischen Feinschmeckern bekannt. Bei uns in Deutschland zählt er zur Hochjagd, wird jedoch auch in Fasanerien gehalten. Er ist unter dem Wildgeflügel das Delikateste. Der ihm eigene überaus zarte Geschmack bildet sich jedoch erst durch das Hängen in den Federn an einem kühlen, trockenen Ort aus. Im allgemeinen rechnet man mit 5–10 Tagen, bis sich am Bauch eine leicht grünliche Färbung einstellt. In Frankreich spricht man von »faisander«. Dies ist ein Zeichen, daß der nötige Grad der Reife erreicht ist. Um Hautgoût zu vermeiden, muß er dann sofort verwendet werden, wenn er noch Gnade vor den Augen eines Feinschmeckers finden will.

Wird der Fasan jedoch gebeizt, so genügt selbstverständlich ein kürzeres Abhängen. Gleich nach dem Schuß verwendet, unterscheidet er sich im Geschmack kaum von einem gewöhnlichen Huhn. Junge Tiere sind besser als alte, das Fleisch der Henne ist zarter als das des Hahns, welcher aber größer ist. Am besten ist er im Spätherbst, weil er um diese Zeit am besten genährt und daher gut bei Fleisch ist.

Junge Fasanen werden gebunden und im Speckmantel gebraten. Alte Tiere werden vorwiegend als feines Ragout (Salmi) usw. verwendet.

Das Zerlegen eines im Ganzen zubereiteten Fasans erfordert etwas Geschicklichkeit! Ein Fasan wird folgendermaßen tranchiert:

Die Keulen werden mit Gelenkdurchschnitt abgetrennt. An der linken Seite des Flügels wird die Gabel kräftig ins Gerippe gestochen, damit der Fasan gut festgehalten werden kann. Beginnend am rechten Brustteil schneidet man von hinten nach vorn in Richtung des Flügels 3–4 Tranchen. Beim breiten Brustteil muß das Messer so flach wie möglich gehalten werden. Der andere Brustteil wird genauso behandelt. Die Flügel sind jetzt freigelegt und werden oberhalb der Gelenke durchgeschnitten.

Fasan mit Kalbsnierenscheiben

4 Personen

1 Fasan, 1 Kalbsniere, 60 g gesalzener Speck, Salz, Pfeffer, 30g Bratfett, 100g Wurzelgemüse, ¹/₂ Zwiebel, 125 g Champignons, 50 g Walnüsse, ¹/₂ l Bier, 2 cl Rum, 1 EL Kräuter, 2 EL Rotwein, 1 Spritzer Zitronensaft, 300 g Feigen, 200 g Maronen, 2 Eigelb, ¹/₈ l Sahne

Fasan bratfertig machen und mit Speckscheiben umwickeln. 15 Minuten scharf braten. Fasan warm halten.

In den Bratensatz das in Würfel geschnittene Wurzelgemüse und Zwiebelwürfel anschwitzen ohne Farbgebung. Den Fasan daraufgeben. Champignons und Walnüsse dazu, mit Salz und Pfeffer würzen, ¹/₄ l Bier darüber und ohne Deckel 15 Minuten garen lassen. Nun den Speck entfernen, den Rest Bier sowie Rum dazugeben und nochmals ca. 15 Minuten mit Deckel garen. Kräuter (möglichst frisch), Rotwein, Spritzer Zitronensaft, frische Feigen, Maronen (beides vorgedünstet) nun mit Sahne und Eigelb binden (legieren), nicht mehr kochen lassen.

Nun den Fasan anrichten, gebratene Kalbsnierenscheiben oben auf und mit der abgeschmeckten Sauce übergießen.

Dazu Herzoginkartoffeln oder Kroketten.

Fasanensalmi

4 Personen

1 Fasan, Salz, Pfeffer, 50 g Wurzelgemüse, ¹/₂ Zwiebel, 20 g Butter, 20 g Öl, 1 TL Tomatenmark, kleine Speckschwarte, ¹/₄ l Rotwein, ¹/₄ l Fleischbrühe, Gewürzbeutel, 1 Zitronenschnitz, 100 g Champignons oder Morcheln, Trüffelscheiben

Ein vorgerichteter, mit Salz und Pfeffer gewürzter Fasan mit Zwiebeln, Wurzelwerk und einer Speckschwarte in halb Butter, halb Öl anbraten, Tomatenmark zugeben und mit Fleischbrühe und Rotwein auffüllen. Gewürzbeutel zugeben und Fasan in der Sauce garen. Dann den Fasan in kleine Stücke zerlegen, warmstellen.

Die Knochen des Fasans in die Sauce geben und noch kurz aufkochen, passieren. Diese püreeartige Sauce nun mit dem feingehackten Gelb eines Zitronenschnitzes, feinblättrig geschnittener und weichgedämpfter Champignons oder Morcheln und weichgekochter Trüffelscheiben aufkochen und mit Salz und Pfeffer abschmecken. Über den angerichteten Fasan gießen.

Dazu können noch feine Fleischklößchen und in Scheiben geschnittenes und gedämpftes Kalbsbries in das Salmi gegeben und die Platte mit Gänseleber- oder Wildleberkrüstchen garniert werden.

Hierzu Champagnerkraut und Kartoffelpüree.

Gefüllter Fasan

4 Personen

1 junger Fasan, 150 g fetter Speck, 150 g Geflügelleber, 100 g Weißbrotbrösel, ¼ l Fleischbrühe, 1 EL Weinbrand, 180 g Butter, Salz, Pfeffer, 300 g Kartoffeln, 250 g Artischockenböden, 3 ganze schwarze Trüffeln oder entsprechende Menge Champignons, ¼ l Wildjus

Gewürfelte Leber in Butter braten, mit wenig Fleischbrühe angießen, gewürfelten Speck zugeben, wieder vom Feuer nehmen und auf einem Schneidebrett feinwiegen. Brösel dazu, Salz und Pfeffer, Weinbrand. Damit den Fasan füllen und schließen. Die restliche Butter dient zum Braten des Fasans im Rohr. Ohne Deckel 15–20 Minuten, dann bedeckt weitere 30 Minuten unter öfterem Begießen.

Für die Garnitur den Kartoffeln die Form von Oliven geben. Die noch rohen Artischockenböden vierteln. Beide in Butter mit Salz und Pfeffer dünsten. Den Fasan anrichten, mit Kar-

toffeln und Artischockenböden umlegen, die Trüffelscheiben oder Champignonviertel obenauf geben.
Dazu Wildjus, Kroketten und frische Salate.

Fasan in Calvados

2 Personen

*1 Fasan, 60 g gesalzener Speck, 5 cl Calvados,
Salz, Pfeffer, 40 g Butter, 2 große Äpfel*

Den Fasan bratfertig machen, mit Speck umwickeln, 15 Minuten scharf braten, dann den Speck abnehmen. Dem Bratsatz 5 cl Calvados (frz. Apfelschnaps) zugießen und den Fasan unter ständigem Begießen saftig garen.
2 große Äpfel schälen, in Sechstel teilen, das Kerngehäuse entfernen, in Butter garmachen, den Fasan damit umlegen und die passierte Sauce, mit Salz und Pfeffer abgeschmeckt, über den Fasan gießen. Dazu Kokosbällchen.

Notizen und weitere Rezepte

Reb~oder Feldhuhn

Das Rebhuhn ist in der Küche nicht weniger wichtig als der Fasan. Sein Fleisch ist äußerst gesund, leicht verdaulich und wohlschmeckend. Es muß wie alles Federwild vor dem Zubereiten einige Zeit abhängen. Junge Tiere sind den alten vorzuziehen.

Die jungen Tiere erkennt man an den gelbgrauen bis gelblichen Ständern (Füßen) und an der spitzen äußeren Handschwinge. Die alten an den grauen bis schwarzgrauen Ständern und an der abgerundeten Handschwinge.

Mit »Perdreau« bezeichnet man das junge Rebhuhn. Das alte Rebhuhn heißt »Perdrix«.

Das Rebhuhn erst vor der Zubereitung rupfen. Ein Rebhuhn ergibt 1 Portion.

Fast alle für Fasan angeführten Zubereitungsarten eignen sich auch für das Rebhuhn.

Die Bratzeit der in gesalzenem Speck gehüllten jungen Rebhühner beträgt ca. 16 Minuten.

Gedünstete Rebhühner in Rotkraut

4 Personen

4 Rebhühner, 1 kg Rotkraut (dafür ¹/₂ Zwiebel, 50 g Schmalz, ³/₄ l Fleischbrühe, Gewürzbeutel), 2 Birnen, ¹/₄ l Rotwein, 150 g magerer Speck in Scheiben, 5 Wacholderbeeren, ¹/₄ l Wildjus, 20 g Butter

Rotkraut überbrühen, dann wie üblich zubereiten. Geschälte, halbierte und vom Kernhaus befreite Birnen in Rotwein garen, den übrigen Rotwein ins Kraut geben.

Die Rebhühner mit Salz und Pfeffer würzen, braun anbraten und halbieren.

Von dem Bratsatz, der Wildjus und den zerdrückten Wacholderbeeren eine Sauce bereiten.

Die Rebhühner auf das Kraut legen, mit Speckscheiben bedecken und weich dünsten. Wenn das Kraut und die Rebhühner weich sind, leicht mit Rotwein und Butter binden. Die halben

Rebhühner auf dem Rotkraut anrichten und mit den Birnen garnieren. Die Sauce extra reichen. Dazu Sahnepüree.

Rebhuhn mit Weintrauben

4 Personen

4 Rebhühner, Salz, Pfeffer, 50 g Wurzelwerk, ¼ l Weißwein, Weinkraut, ½ Pfund Weintrauben, 2 Scheiben Weißbrot, 100 g Speck, 50 g Butter

Junge, mit Speck umwickelte Rebhühner mit Salz und Pfeffer würzen und anbraten. Feingeschnittenes Wurzelwerk zugeben, mit etwas Wein ablöschen und weich dünsten. Auf Weinkraut anrichten. Abgezogene Weintrauben, vorgebratene Speckstreifen und Röstbrotstreifen in Butter anschwenken, über das angerichtete Rebhuhn geben und mit dem Bratsatz begießen. Ausgestochene, gebratene Kartoffelkugeln dazu servieren.

Gefülltes Rebhühnchen

4 Personen

4 Rebhühner, Salz, Pfeffer, 100 g Speckscheiben, ¼ l Wildjus, 2 alte Brötchen, 1 Ei, 1 TL frische Kräuter, 1 gekochtes Ei, 4 cl Cognac, 1 cl Pernod, Trüffel, Pastetengewürz, 100 g Geflügelleber

Vorbereitete Rebhühner vom Rücken her entbeinen, leicht plattieren und mit folgender Farce füllen:
Geflügelleber (Herz, Leber vom Rebhuhn, wenn vorhanden) in Cognac mariniert und 2 eingeweichte, dann ausgedrückte Brötchen durch die feine Scheibe lassen, Ei darunter geben, etwas frische Kräuter, gekochtes Eiweiß und Trüffelstückchen untermischen, mit Salz, Pfeffer und Pastetengewürz abschmecken. Rebhuhn schließen und Form geben. In Speckscheiben hüllen, mit Faden binden und im Ofen garen (Rebhuhnknochen mitbraten). Heißhalten.

Bratensatz mit Cognac ablöschen, mit Wildjus auffüllen, passieren und mit Salz und Pfeffer und etwas Pernod abschmecken. Diese Sauce über die Rebhühner geben. Dazu Mandelbällchen.

Rebhuhn mit Linsen

4 Personen

4 Rebhühner, Salz, ·Pfeffer, 4 Weinblätter, 8 Speckscheiben, 50 g Butter, 1 gespickte Zwiebel, 1 Speckschwarte, 50 g Wurzelwerk, 1 EL Mehl, 250 g Linsen

Rebhühner ausnehmen, mit einem Tuch austrocknen, leicht salzen und pfeffern, in ein Weinblatt und dünne Speckscheiben einwickeln, langsam in Butter braten.
Zuvor eingeweichte (ca. 2 Stunden) Linsen, gespickte Zwiebel, feingeschnittenes Wurzelwerk und Speckschwarte zusetzen und die Rebhühner darin langsam garen. Speckschwarte und Zwiebel herausnehmen. Linsen mit brauner Mehlschwitze binden und mit Weinessig abschmecken.

Rothuhn

Es handelt sich hier um das rotfüßige Rebhuhn, das in den südlichen Ländern daheim ist. Sein Fleisch ist schmackhafter als das des gewöhnlichen Rebhuhns. Für das Rothuhn gelten die gleichen Zubereitungsarten wie für das Rebhuhn.

Schneehuhn

Das Schneehuhn, auch weißes Rebhuhn genannt, lebt in Schweden, Norwegen, Rußland, Hochschottland und in den Alpen. Junge Tiere haben einen schwarzen Schnabel, spitze Schwungfedern und leicht zerdrückbare Schädeldecken. Alte Schneehühner erkennt man an dem grauen Schnabel und an den abgerundeten Schwungfedern und den stark befiederten Beinen.
Sein Fleisch ist von dunkler Farbe, hat aber einen bitterlichen Geschmack, welcher nicht jedermanns Sache ist. Es kann wie das Rebhuhn zubereitet werden. Es wird jedoch gerne einige Zeit in Milch gelegt, um den bitteren Geschmack zu nehmen.

Wachtel

Wachteln, eine Art der Hühnervögel, werden sehr oft zusammen mit Rebhühnern geschossen. Aber sie erreichen nicht die Größe der Rebhühner. Sie sind das zierlichste Wildgeflügel und gelten als Leckerbissen. Ihr Fleisch ist saftig, wohlschmeckend und leicht verdaulich. Um die Erntezeit sind die Wachteln am fettesten und am besten.

Wachteln müssen grundsätzlich innerhalb 24 Stunden nach dem Erlegen verwertet werden.

Junge Wachteln haben einen spitzen Schnabel und hellgelbe Beine. Alte Tiere einen kurzen, weichen Schnabel und dunkle Beine. In der Zartheit des Fleisches sind junge Tiere den älteren vorzuziehen.

Für ein vollwertiges Gericht muß man zwei Wachteln pro Person rechnen.

Bei der Zubereitung können auch weitgehend die Rezepte für Rebhühner verwendet werden.

Wachteln mit Brombeeren

4 Personen

8 Wachteln, 8 Weinblätter, 8 Scheiben fetter Speck, 2 EL Öl, 8 cl Brombeerlikör, ¼ l Sahne, Salz, Pfeffer, 200 g Brombeeren

Die Wachteln salzen, pfeffern und in Weinblätter und dünne Speckscheiben wickeln. Ca. 10–15 Minuten im Ofen braten. Die Brüste und Keulen lösen und warm halten.

Den Brombeerlikör und die Brombeeren dem Bratensatz zufügen und mit Sahne und Wildjus die Sauce bereiten und abschmecken. Dann die Sauce über das Wachtelfleisch geben. Dazu Kartoffelpüree und Johannisbeerrotkohl.

Gebratene Wachteln mit Linsenpüree

4 Personen

8 Wachteln, Salz, Pfeffer, Paprikapulver, 100 g Speck in Scheiben, ¼ l Weißwein, 500 g gekochte

Linsen, 50 g feingewürfelter Bauchspeck, 80 g Wur-
zelgemüse, 1 EL Weinessig

Die Wachteln innen und außen mit Salz, Pfeffer und Paprika
einreiben, mit Speckscheiben umwickeln und mit dem Wurzelgemüse anbraten. Mit Wein angießen und zugedeckt ca. 15–20
Minuten schmoren lassen.
Angebratene Speckwürfel zu den weichgekochten Linsen geben,
pürieren und kräftig mit Salz, Pfeffer und Essig abschmecken.
Dazu Bratkartoffeln.

Junge Wachteln mit Leber

4 Personen

8 junge Wachteln (mit Lebern), 8 Scheiben salz-
loser Speck, Pfeffer, Salz, Thymian, 40 g Butter,
4 cl Cognac

Die Wachteln mit Pfeffer und Salz würzen, mit Speck umwickeln und etwa 10 Minuten in Butter braten.
Die Leber der Wachteln in einer Pfanne separat anbraten, mit
etwas Salz, Pfeffer und Thymian würzen, durch ein feines Sieb
streichen. Den Bratensatz der Wachteln unter die Lebermasse
rühren und in eine Sauciere geben. Die Wachteln anrichten, mit
etwas Cognac begießen, flambieren und die vorbereitete Sauce
dazu geben.
Dazu Bubenspitzle und Ackersalat.

Haselhuhn

Das Haselhuhn, das zu den Waldhühnern gehört, ist hierzulande selten geworden. Es hat einen ausgezeichneten Eigengeschmack und genießt deshalb den guten Ruf, das feinste Waldhuhn zu sein. Feinschmecker vergleichen sein hervorragendes Aroma mit dem des Fasans. Das weiße zarte Fleisch des Haselhuhns ist sehr saftig.

Man sollte das Haselhuhn so frisch wie möglich verarbeiten, damit der Waldduft seines Wildbrets nicht verlorengeht. Der etwas bittere Geschmack, der vom Genuß der Tannensprossen herrührt, verleiht ihm eine besondere Eigenart, welcher durch Einlegen des Fleisches in Milch gemildert werden kann.

Bei den jungen Hühnern sind die Beine mit weichen Federn besetzt, die Schwungfedern noch spitz und die Schädeldecke läßt sich leicht eindrücken. Alte Haselhühner haben stark gefiederte Beine, abgerundete Schwungfedern, eine fast weiße Brust und über den Augen hochrote, große Flecken.

Man rupft und sengt das Haselhuhn und nimmt es aus. Innen nicht auswaschen, sondern nur mit einem Tuch auswischen! Beim Braten mit reichlich Speckscheiben umwickeln. Von einem Haselhuhn können zwei nicht allzu hungrige Personen satt werden. Es hat im Verhältnis zu seiner Größe viel Fleisch.

Die Zubereitung erfolgt wie beim Fasan.

Gefülltes Haselhuhn

4–6 Personen

4 Haselhühner, Salz, Pfeffer, 40 g Butter, 80 g Weißbrotbrösel, 100 g Geflügelleber, 1 Ei, Petersilie, ½ Zwiebel, ¼ l Süßrahm

Haselhühner vorbereiten und mit einer Farce (Mus) aus Geflügelleber, Brotkrume, angeschwitzten Zwiebeln, Petersilie und Ei füllen und braten (ca. 30–40 Minuten). Brust und Keulen lösen. Sauce mit Sahne verfeinert übergießen, mit Bröseln bestreuen und mit Butter im Ofen bräunen. Dazu trockener Reis.

Notizen und weitere Rezepte

Sumpfschnepfe
Waldschnepfe

Die Waldschnepfen werden von Feinschmeckern hochgeschätzt, müssen lange lagern und sollen fett sein. Die Sumpfschnepfe ist etwas kleiner und steht im Geschmack der Waldschnepfe ein wenig nach.

Die Herbstschnepfe ist fetter und zarter als die Schnepfe vom Frühling, welche aber dafür pikanter ist.

Junge Schnepfen haben einen schmalen und weichen Schnabel (Stecher) und einen weichen knorpeligen Brustknochen. Alte Schnepfen erkennt man an den breiten, vorne etwas abgeplatteten Schnäbeln, den starken Krallen und den harten Brustknochen.

Manche Feinschmecker schwören auf den »Schnepfendreck« (Inhalt der Bauchhöhle, ohne Magen). Sie lassen die Schnepfe samt Eingeweide braten. Wer das nicht mag, entfernt es. Schlund, Gurgel und Magen werden in jedem Falle herausgenommen. Die Schnepfe wird bis zum Hals gerupft, die Kopfhaut zieht man ab, sticht die Augen aus und bricht den Stecher bis zur Mitte ab. Der untere Teil der Ständer (Beine) wird entfernt, dann sengt man den oberen Teil und zieht die Haut ab. Man kann die Ständer nach hinten binden und den Stecher nach innen schieben, damit diese Teile beim Braten nicht austrocknen. Vor dem Verwerten etwa zwei Tage im Federkleid und mit den Eingeweiden abhängen lassen. Pro Person rechnet man 1–2 Schnepfen. Junge Schnepfen sind besser als alte, welche man vorteilhafter dämpft als brät.

Gebratene Schnepfen mit Croûtons

4 Personen

8 Schnepfen, Salz, Pfeffer, Pastetengewürz, 8 Speckscheiben, 4 Scheiben Weißbrot, 50 g Butter, 100 g Gänse- oder Geflügelleber, 30 g Rauchspeck, ¼ l Wildjus (Rezept Seite 124), 1 Zitrone, 1 EL Petersilie oder Kresse

Schnepfen mit Salz und Pfeffer einreiben und mit Speckscheiben umwickeln und unter fleißigem Begießen etwa 20–30 Minuten im Ofen braten.

Aus dem Eingeweide der Schnepfen, dem sogenannten Schnepfendreck (mit Ausnahme des Magens, welcher stets sandig und bitter ist) Schnepfencroûtons bereiten. Der Schnepfendreck ist stets knapp, deshalb kann er durch Zugabe von Geflügelleber, am besten Gänseleber verlängert werden. Alles mit etwas geschabtem rohem Speck und etwas Pastetengewürz fein zusammenhacken und mit einem Eigelb vermengen. Diesen Schnepfendreck auf kleine runde Brotschnitten streichen, welche zuvor in Butter goldgelb geröstet wurden. Auf einem butterbestrichenen Backblech im Ofen etwa 10 Minuten backen.

Die gebratenen Schnepfen anrichten, den Bratensatz mit etwas Wildjus aufkochen und passieren, über die Schnepfen geben und mit den Schnepfencroûtons garnieren. Mit Zitronenscheiben und Kresse oder Petersilie verzieren.

Schnepfen mit Champignons und Trüffeln

4 Personen

8 Schnepfen, Salz, Pfeffer, 60 g Butter, ¹/₄ l Sauerrahm, ¹/₄ l Fleischbrühe, Trüffelscheiben, Champignonköpfe, 20 g Mehl

Schnepfen salzen und pfeffern, mit reichlich Butter andämpfen und herausnehmen.

Bratensatz und Butter mit der Fleischbrühe auffüllen, aufkochen und die Schnepfen wieder hineingeben. Gut bedeckt weichdämpfen. Der Sauce Trüffelscheiben und Champignonköpfe zugeben, mit Sauerrahm, Salz und Pfeffer abschmecken und über die Schnepfen geben. Dazu Weißbrot.

Schnepfen mit grünem Pfeffer

4 Personen

6 Schnepfen, Salz, Pfeffer, 50 g Butter, 100 g Gänsestopfleber, 4 cl Cognac, ¹/₂ TL Madagaskar-Pfeffer (frisch), ¹/₄ l Rotwein, ¹/₄ l Sauerrahm

Die Schnepfen halbieren und die Innereien beiseite legen. Die Schnepfen mit Salz und Pfeffer würzen und im Ofen braten, bis sie gar sind.
Nun die Innereien (ohne Magen) fein schneiden. Die Leber extra. Gänsestopfleber zerdrücken und mit Cognac beträufeln. Frischen Madagaskar-Pfeffer in Butter anschwitzen und mit Rotwein ablöschen, die feinzerdrückte Leber beigeben und zu Sauce vermischen. Die feingeschnittenen Innereien nun zugeben und die Sauce mit Sahne abrunden und die Schnepfen damit übergießen. Dazu Kartoffelschnee mit Butterflöckchen.

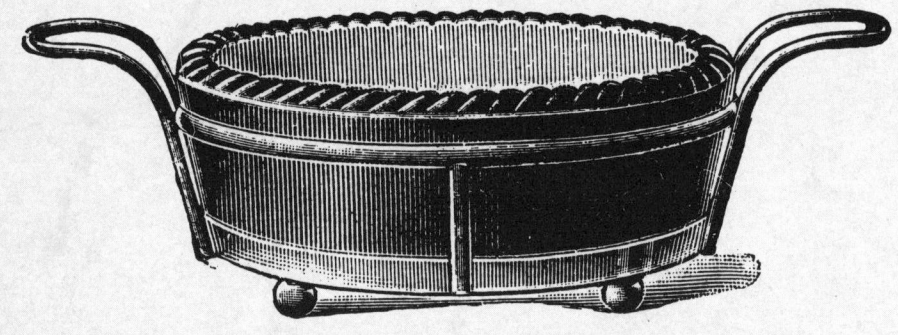

Notizen und weitere Rezepte

Wildente

Die bekanntesten Wildentenarten sind die Stock- oder Märzente und die Krickente. Die Krickente (Sarcelle) ist kleiner als die gewöhnliche Wildente, aber geschmacklich bedeutend feiner.
Am häufigsten kommt die Stock- oder Märzente in unseren Gewässern vor. Zum Braten sollte man nur junge Tiere verwenden. Grundsätzlich müssen Wildenten frisch verzehrt werden, nicht abhängen lassen.
Junge Wildenten haben hellgraue Füße und schwache Flügel, alte Wildenten stahlgraue Füße und starke Flügel. Sie werden leicht saignant* gebraten, vielfach auch gedünstet. Tranige Stücke bei alten Tieren nach dem Braten von der Haut befreien. Eine Wildente ergibt zwei Portionen und benötigt ca. 30—40 Minuten Garzeit.

Wildente mit Schwäbischem Waldhimbeergeist

4—5 Personen

2 Wildenten, 50 g Butter, 100 g geräuchten Speck, 1 Zwiebel, 1 Karotte, 5 Salbeiblättchen, Salz, Pfeffer, $^1/_4$ l Wildsauce, $^1/_4$ l Fleischbrühe, Gewürzbeutel, 4 cl Wald-Himbeergeist

Die vorbereiteten Wildenten innen und außen mit Salz und Pfeffer würzen und frische Salbeiblättchen ins Innere legen. Flügel und Keulen zusammenbinden. Den Speck würfeln, braten und herausnehmen, in diesem Fett die Enten von allen Seiten auf großer Flamme anbraten.
Zwiebel und Karotte schälen und fein schneiden. Die Enten herausnehmen. Im Bratfett Zwiebel und Karotte bräunen. Den Bratensaft mit Fleischbrühe ablöschen. Salz, Pfeffer, Speck und Gewürzbeutel sowie die Enten zufügen und fertig garen lassen. Gewürzbeutel herausnehmen. Den Waldhimbeergeist über die Enten geben, anzünden und mit der Sauce übergießen. Dazu hausgemachte Butternudeln oder Schupfnudeln.

* saignant = innen noch etwas rosa

104

Wildente in Orangensauce

4 Personen

*2 Enten, ¹/₂ Zwiebel, Salz, Pfeffer, 1 TL Tomaten-
mark, 1 Orange, 1 Zitrone, ¹/₄ l Orangensaft, Zukker, ¹/₂ l braune Wildsauce (Rezept Seite 124), 4 cl
Orangenlikör*

Die vorbereiteten Wildenten mit Salz und Pfeffer würzen, im
Rohr unter fleißigem Begießen weich garen. Heißhalten. Dem
Bratsatz feine Zwiebelwürfel und Tomatenmark zugeben, mit
Orangensaft ablöschen, Zitronenschale und Orangenschale
(ohne Weißes) zugeben, mit brauner Wildsauce auffüllen, mit
Zucker und Orangenlikör abschmecken. Sauce über die Wilden-
ten geben und mit angewärmten Orangenscheiben (ohne Schale)
garnieren. Dazu Kroketten.

Gefüllte Wildente in rotem Champagner

4–6 Personen

*2 Wildenten, 250 g Kalb- und 250 g Schweine-
fleisch, 30 g Pistazien, 30 g Mandeln, 1–2 Trüffel,
2 Eier, ¹/₄ l süßer Rahm, ¹/₂ Zwiebel, 50 g Butter,
Thymian, Majoran, Salz, Pfeffer, 4 Speckscheiben,
50 g Wurzelgemüse, Gewürzbeutel, ¹/₂ Flasche roter
Champagner, ¹/₄ l Wildsauce, 80 g Champignonköpfe*

Die vorbereiteten Enten mit Salz und Pfeffer würzen. Das Kalb-
und Schweinefleisch zweimal durch die feine Scheibe des Fleischwolfes drehen.
Pistazien, abgezogene Mandeln, Trüffelstückchen, Sahne und
Eier sowie die in Butter angeschwitzten Zwiebelwürfel mit Innereien (Herz, Leber und Magen, gewaschen und in Würfel geschnitten) untermengen. Mit Thymian, Majoran, Salz und Pfeffer würzen. Die Enten füllen und schließen. Mit Speckscheiben
umwickeln und im Rohr unter Begießen garen. Herausnehmen
und heiß halten.

Im Bratsatz Wurzelgemüse angehen lassen und mit rotem Champagner ablöschen, mit brauner Wildsauce auffüllen, Gewürzbeutel zugeben, kochen lassen, passieren. Wildenten halbieren, Brust und Keulen lösen.

Die nun mit geschlagener Sahne und rotem Champagner verfeinerte Sauce über die Ententeile geben. Füllung ebenfalls aufschneiden. Obenauf mit in Butter gedünsteten Chamignonköpfen und Trüffelscheiben garnieren. Dazu lockeres Sahnepüree.

Notizen und weitere Rezepte

Wildgans

Wildgänse sind Zugvögel und wandern im Winter in südliche Regionen. Im Gegensatz zur Hausgans ist die Wildgans bei weitem nicht so fett. Junge Wildgänse, welche noch nicht gebrütet haben, geben im Herbst einen guten Braten.
Ältere Tiere sollte man einige Tage in eine Beize legen.
Die Wildgans muß frisch verwendet werden. Die Haut schmeckt meist tranig, deshalb zieht man sie ab.
Die Zubereitung erfolgt nach Art der Wildente.
Eine mittlere Wildgans ergibt eine Mahlzeit für 2 bis 3 Personen.

Wildgans mit Weintrauben

6–8 Personen

2 Wildgänse, 1/8 l Portwein, 3 gehackte Schalotten, Saft von 1 Orange und einer halben Zitrone, 1/4 l Wildsauce (Rezept Seite 124), 100 g fetter Speck, 25 g Rosinen, 25 g gehackte Mandeln, 1 EL gehackte Petersilie, 1/4 l Sahne, 1 EL rotes Johannisbeergelee, 1/4 l Weißwein, 1 Prise Cayennepfeffer, 400 g weiße Weintrauben

Wildgänse vorbereiten und mit Salz und Pfeffer würzen, im Rohr ca. 1 1/4 bis 1 1/2 Std. garen und mit Weißwein angießen.
Inzwischen Portwein mit gehackten Schalotten, Thymian, Zitronen- und Orangensaft, dem gewürfelten Speck, den Rosinen und Mandeln durch die feine Scheibe des Fleischwolfes drehen, in den Bratensatz rühren und mit Johannisbeergelee und Cayennepfeffer abschmecken und aufkochen. Mit Sahne verfeinern.
Wildgänse anrichten, mit Sauce übergießen, mit in Butter geschwenkten, abgezogenen und entkernten weißen Weintrauben und Petersilie garnieren. Dazu Knödel und Rotkraut.

Notizen und weitere Rezepte

Wildtaube

Man unterscheidet vier Arten: die Ringeltaube (oder Holz-
taube), die Hohltaube, die Türkentaube und die Turteltaube.
Junge Tauben erkennt man an den dicken Schnäbeln, der hellen
Haut und den biegsamen Knochen. Ältere Tauben können zu
Suppen und Ragouts verwendet werden. Erkennungszeichen:
Dunkle Schnäbel, bläuliche Haut, bräunlich graue Füße.
Nur die junge Wildtaube kommt für die Küche in Betracht. Sie
erreicht fast die Größe eines Rebhuhnes. Die Wildtaube wird
gebunden, in gesalzenen Speck gehüllt und nach Art des Reb-
huhns zubereitet.
Bratfertig machen Sie die Tauben folgendermaßen:
Nach dem Ausnehmen gründlich abspülen, abtrocknen, innen
und außen mit Salz einreiben. Flügel auf den Rücken biegen,
Hals unter einen Flügel stecken. Magen, Herz, Leber abspülen,
in den Bauch stecken. Schenkel in den Bauch schieben. Lange
Scheibe frischen Speck kreuzweise um die Taube legen und mit
einem Faden umwickeln.
Eine Wildtaube ist ihrem Gewicht nach eine gute Frühstücks-
portion.

Gefüllte Wildtauben in Armagnac-Sahne-Sauce

4 Personen

*4 Tauben, 2 alte Brötchen, 2 Eier, etwas Milch,
100 g feingewürfelter fetter Räucherspeck, 1 EL
gehackte Petersilie, Salz, Pfeffer, geriebene Muskat-
nuß, $\frac{1}{4}$ l Brühe, 20 g Butter, $\frac{1}{8}$ l Sahne, 4 cl Armagnac, 1 Prise Rosmarin, Prise Thymian, 1 Prise ge-
hackter Estragon*

Tauben vorbereiten. In Milch eingeweichte und gut ausgedrückte Brötchen mit den Eiern, dem Speck, der Petersilie, dem
Rosmarin und Estragon und dem Thymian, durch den Wolf ge-
drehten Taubenherzen und Taubenlebern zur Füllung verarbeiten. Mit Salz, Pfeffer und Muskat abschmecken. Die Tauben
damit füllen und zunähen. Unter fleißigem Begießen im Ofen
ca. 30 Min. garen und warmstellen.

113

Mit der Fleischbrühe ablöschen, leicht mit Mehlbutter binden und mit Sahne verfeinern. Mit Armagnac abschmecken. Sauce über die von den Fäden befreiten Tauben gießen. Dazu Kartoffelplätzchen.

Wildtäubchen mit Apfelsinensauce

4 Personen

4 Täubchen, 4 große dünne Speckscheiben, 100 g Butter, 4 cl Feigenlikör, 2 Apfelsinen, 4 große geröstete Weißbrotscheiben ohne Rinde, Pfeffer, Salz

Jedes Täubchen innen leicht würzen, mit einer Speckscheibe umwickeln und im Rohr ca. 30 Minuten braten. Übergießen. Mehrmals wenden. Warmstellen.
Eine Apfelsine auspressen, die andere in Scheiben schneiden. Den Bratfond mit dem Feigenlikör, einem Glas Wasser und dem Apfelsinensaft ablöschen. Stark einkochen lassen und evtl. nachwürzen.
In der Zwischenzeit die Weißbrotscheiben rösten. Die Täubchen darauf anrichten, mit der Sauce übergießen und mit den Apfelsinenscheiben garnieren.
Dazu Kartoffelbällchen.

Wildtauben mit Waldpilzen

4 Personen

4 Tauben, 100 g fetter Räucherspeck, $^1/_4$ l Fleischbrühe, 5 Wacholderbeeren, 100 g Waldpilze, Thymian, Salz, $^1/_8$ l Sahne, 10 g Butter

Tauben vorbereiten, innen salzen, mit dünnen Speckscheiben umwickeln und im Rohr unter häufigem Begießen garen. In den letzten 15 Minuten Speck abnehmen, damit die Tauben besser bräunen.
Bratensatz mit Brühe, zerdrückten Wacholderbeeren und Thymian durchkochen, passieren. Waldpilze zugeben. Mit Sahne

verfeinern. Sauce über die Tauben geben. Dazu Preiselbeeren, Weinkraut und Kartoffelklöße.

Wildtauben in Lehm

4 Personen

4 Tauben, 4 Scheiben Weißbrot, 4 EL Milch, ¹/₂ Zwiebel, 50 g Butter, 2 Eier, 1 EL gewiegte Petersilie, 1 kg frischen Lehm, Salz, Pfeffer, Paprikapulver, 1 TL Tomatenmark

Die Tauben ungerupft ausnehmen, innen salzen und pfeffern. Die Taubenleber und die Zwiebelwürfel in Butter braten und die eingeweichten, ausgedrückten Weißbrotscheiben sowie die rohen Eier, die Petersilie und Gewürze dazugeben und untereinander mengen. Die Tauben füllen und die Öffnungen zunähen. Dann den Lehm mit Wasser streichfähig machen und gegen »den Strich« der Federn auf die Tauben streichen. Diese Lehmklumpen in die Glut des Holzfeuers legen und ca. 1¹/₂ Std. garen lassen. Der Lehm wird dann mit einem Hammer auseinandergeschlagen, so daß die Scherben abfallen. Die Federn bleiben in den Ziegelscherben. Die gebratenen Täubchen bleiben übrig. Dazu eine aromatische Hagebuttensauce (Rezept s. S. 126) und gebackene Kartoffeln.

Auerhahn

Der Auerhahn wird, weil er als edles Wild gilt, mehr der Jagd zuliebe als für die Küche geschossen. Sein Fleisch hat nicht selten einen harzigen Geschmack, besonders das von alten Tieren.

Ausgewachsene Auerhähne werden nicht selten bis zu 10 Pfund schwer, sind aber im Alter recht zäh. Junge Hähne erkennt man am blaßgelben Schnabel, bei alten ist er schwarz. Jüngere Tiere läßt man 4 bis 5 Tage im Federkleid abhängen oder auf Eis liegen, alte uß man nach achttägigem Abhängen noch in eine Beize legen.

Auerhähne werden nicht gerupft, sondern abgezogen, damit das unter der Haut liegende Fett, das einen ranzigen Geschmack entwickelt, entfernt wird. Die Keulen sollen wegen ihres Nadelholzgeschmackes nicht genommen werden. Am besten ist es, nur das Brustfleisch zu servieren. Auerhahn wird frisch verwendet und nach der Art des Fasans zubereitet, meist jedoch gedünstet, da man junge Auerhähne selten erhält. Der Auerhahn wird gebunden, gespickt und mit Speck umhüllt.

Gespickter und gedämpfter Auerhahn

Vorbereiteten Auerhahn 8–10 Tage in eine gekochte Beize legen und des öfteren wenden.

Zum Dämpfen den Boden eines gutschließenden Bratgeschirrs mit Speckscheiben belegen, den Auerhahn daraufsetzen und mit der Marinade und etwas Fleischbrühe oder Bratenjus bedeckt, langsam weichkochen. Mit Salz und Pfeffer abschmecken. Den Braten tranchieren und anrichten, den Bratensatz durchpassieren, entfetten und mit saurer Sahne verfeinern, servieren.

Stein- oder Berghuhn

(Bartavelle)

Wird ebenfalls wie das Rebhuhn vor- und zubereitet.

Birkhahn

Coq de bois

Das Birkwild ist in Westeuropa, selbst in Bergwäldern und Moorgegenden, nur noch schwach vertreten. Diese Wildart liebt Landschaften mit Birkenbeständen, deren Knospen sie äst, und bevorzugt Flächen mit Beeren-Vorkommen und Buchweizen-Anbau. Die Kreuzung zwischen Birkwild und Auerwild nennt man Rackelwild. Es ist jedoch nicht fortpflanzungsfähig.

Die Henne ist bedeutend kleiner als der Hahn. Junge Hähne hängt man in den Federn einige Tage an einem kühlen, luftigen Orte auf. Alte müssen 8–10 Tage gebeizt werden.

Junge Birkhähne (braungesprenkelte Federn am Hals) kann man wie Fasan, alte (glänzend schwarze Halsfedern) wie Auerhahn zubereiten.

Ein mittlerer Birkhahn bringt 4–5 Pfund auf die Waage und ergibt 4 schöne Portionen.

Das Birkhuhn wird gespickt, gebunden und in Speck gehüllt.

Hilfsmittel

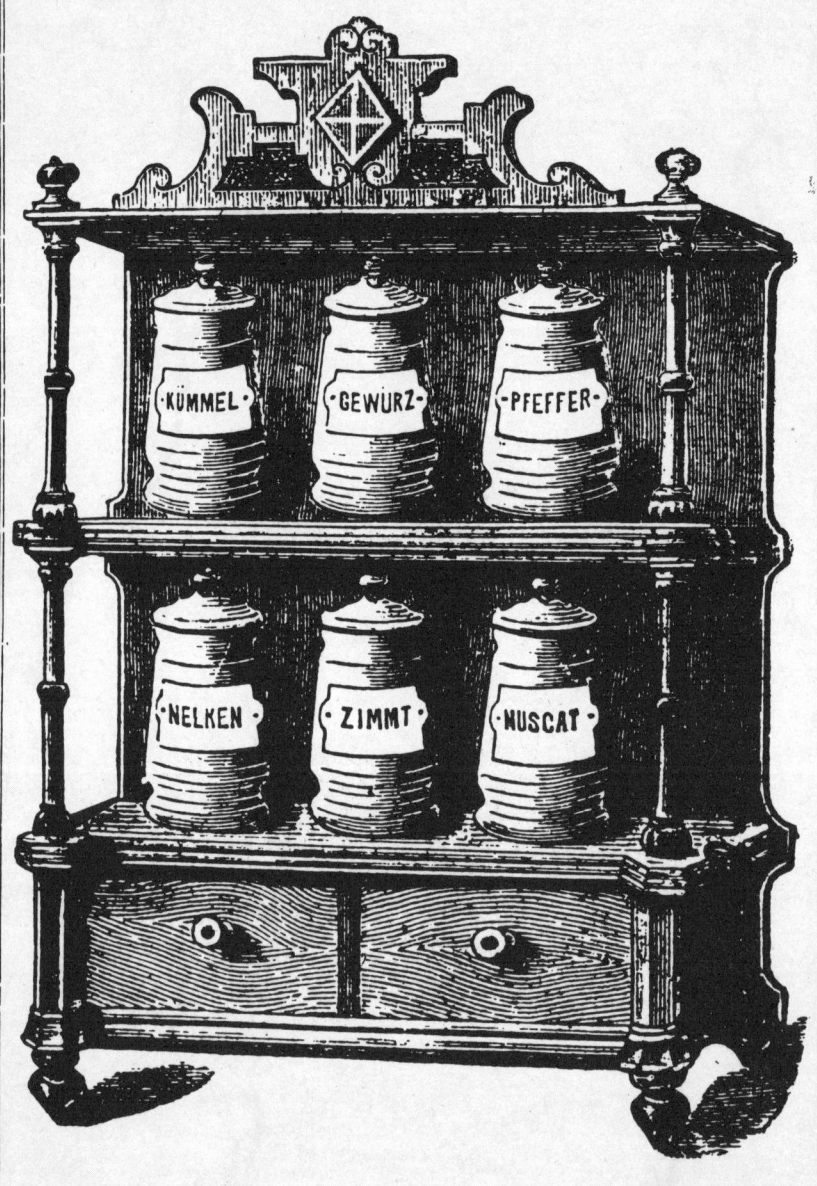

Wildgewürzbeutelchen

2 Nelken, 5 gestoßene Pfefferkörner, 5 zerdrückte Wacholderbeeren, 1 Lorbeerblatt, $1/2$ oder sehr kleine Knoblauchzehe.
Alles in ein Tuch oder Tee-Ei geben und gut verschließen.
Je nach Geschmack kann das Gewürzbeutelchen in der ange-
setzten Sauce belassen werden (nur kurze Zeit, oder maximal
30–40 Min.).

Gespickte Zwiebel

1 gespickte Zwiebel, auf die mit 2 Nelken 1 Lorbeerblatt gespickt wird.

Wurzelgemüse – Wurzelwerk – Mirepoix

Ca. 1 cm große Würfel von Karotten, Knollensellerie und Zwiebel (Verhältnis $2/3$ Zwiebel, $1/3$ Sellerie – Karotten).

Pastetengewürz

Alle Gewürze müssen feingestoßen sein und dann in gut ver-
schlossener Dose aufbewahrt werden.

Intensives Pastetengewürz

Je 10 g Nelken, Ingwer, Lorbeerblatt, Muskatnuß, Muskatblüte,
Basilikum, Thymian. Und je 9 g weißer Pfeffer, schwarzer Pfeffer, Paprika edelsüß und 4 g Mayoran.

Leichtes Pastetengewürz

Je 20 g Lorbeerblatt, Mayoran, Basilikum, Thymian. Und je 5 g
Nelken, Muskatnuß und 10 g weißer Pfeffer und 1 g Muskatblüte.

Saucen zu Wild- und Wildgeflügel

Braune Wildgrundsauce

500 g kleingehackte Wildknochen, 50 g Wurzelwerk,
3 EL Mehl, Gewürzbeutel, 1 ¹/₂ l ungesalzene Fleisch-
brühe, ¹/₄ l Burgunder-Rotwein, Salz, Pfeffer, ¹/₂
Zwiebel, Speckschwarte

Kleingehackte Wildknochen im Fett braun anrösten. Zwiebeln, Speckabfälle zugeben und alles zusammen gut bräunen. Mehl stäuben, mit ungesalzener Fleischbrühe auffüllen, Gewürzbeutel zugeben und kochen lassen (ca. 2–3 Std.); dann passieren. Mit Salz, Pfeffer und Rotwein würzen.

Wildjus

(klare Wildsauce)

500 g kleingehackte Wildknochen, 50 g Wurzel-
werk, Gewürzbeutel, 1 ¹/₂ l ungesalzene Fleischbrühe,
¹/₈ l Rotwein, Salz, Pfeffer, ¹/₂ Zwiebel, Speck-
schwarte

Kleingehackte Wildknochen anrösten. Wurzelwerk mit Zwiebeln und Speckabfällen bräunen. (4–5 mal mit etwas kaltem Wasser ablöschen und wieder einkochen lassen). Hierbei entsteht natürlicher Glanz und gibt der Jus die schöne braune Farbe. Nun mit ungesalzener Fleischbrühe auffüllen, Gewürzbeutel zugeben und 3–4 Stunden kochen lassen. Passieren und mit Salz, Pfeffer und Rotwein abschmecken.

Jägersauce

Gehackte Pilze, Tomaten und Zwiebeln kurz anschwitzen, etwas Weißwein zugeben, zur Hälfte einkochen, mit brauner Grundsauce auffüllen, durchkochen und mit gehacktem Kerbel und Estragon fertig machen.

Béarnaisesauce

ca. 4–6 Personen

2 feingehackte Schalotten, 4 zerdrückte Pfefferkörner, 5 cl Essig, 250 g Butter, 4 Eigelb, 1 dl Weißwein, 1 Zweig Estragon, 1 TL gehackten Estragon, ½ TL gehackter Kerbel, Prise Cayennepfeffer

Den Estragonzweig zerschneiden und zusammen mit den Schalotten und den Pfefferkörnern in dem Essig und Weißwein kochen, bis die Flüssigkeit auf einen knappen Eßlöffel reduziert ist. In eine flache Kasserole geben und mit den Eigelben aufschlagen (im heißen Wasserbad) bis die Masse steif wird. Aus dem Wasserbad nehmen und die flüssige heiße Butter nach und nach unter Rühren zugeben. Mit Salz und Cayenne-Pfeffer würzen und den gehackten Kerbel und Estragon daruntermischen.

Trüffelsauce

4 Personen

3 Schalotten, ⅛ l Rotwein, 2 cl Cognac, 30 g Gänsefett, ¾ l braune Wildgrundsauce, Pfeffer, Salz, Trüffel, Sahne

Schalotten oder kleine Zwiebeln in Gänsefett anschwitzen, mit Rotwein und Sahne ablöschen, mit brauner Wildgrundsauce auffüllen. Als Einlage Trüffelstückchen; mit Cognac, Salz und Pfeffer abschmecken.

Himbeeressigsauce

4 Personen

3 EL Himbeerkonfitüre, 5 EL Tomatensaft, 2 EL Kräuteressig

Alle Zutaten gut miteinander verrühren. Himbeeressigsauce zu kaltem Wildbraten reichen.

Cumberlandsauce

1 Apfelsine, ¹/₈ l Rotwein, 250 g Johannisbeergelee,
1 TL engl. Senf, Salz, 1 TL Zitronensaft

Schale einer Apfelsine (ungespritzt) waschen, von der weißen inneren Haut befreien, in sehr feine Streifen schneiden, mit 3 EL Rotwein vermengen, in einem kleinen Topf 10 Minuten kochen lassen, kalt stellen.
Johannisbeergelee, engl. Senf mit einem Schneebesen gut verrühren, die erkalteten Apfelsinenstreifen mit dem Rotwein hinzufügen, die Sauce mit Salz, Zitronensaft und Rotwein abschmecken.

Hagebuttensauce

400 g Hagebuttenmarmelade, 0,1 l Rotwein, 5 cl
Cognac, 1 Apfelsine, 1 Zitrone, 50 g Tomatenmark,
100 g Meerrettich, engl. Senf, Zwiebel, Pfeffer

Apfelsinen- und Zitronenschale reiben, in Rotwein auf die Hälfte einkochen, durchseihen und kalt stellen. Die Hagebuttenmarmelade mit Tomatenmark, dem durchgeseihten Apfelsinen- und Zitronensaft, dem Cognac, dem Rotweinsud mit einem Schneebesen glattrühren, mit Salz, einer Messerspitze Senf und Pfeffer abschmecken. Den Meerrettich ebenfalls mit der Sauce vermengen. Eisgekühlt servieren.

Waldbeerensauce

150 g Brombeerkonfitüre, 150 g Hagebuttenmar-
melade, 150 g Preiselbeeren, 0,1 l Rotwein, 5 cl
Cognac, 1 Zitrone, ¹/₂ TL engl. Senf, Worcester-
shiresauce

Das Obst durch ein Sieb streichen. Rotwein und Cognac hineingießen, ein kleines Stück abgeriebene Zitronenschale und den durchgeseihten Zitronensaft, Senf und die Worcestershiresauce hinzufügen, mit einem Schneebesen glattrühren und eiskalt servieren.

Notizen und weitere Rezepte

Beilagen zu Wild- und Wildgeflügel

Polenta

4 Personen

*250 g Maisgrieß, Salz, 1 l Wasser, 50 g geriebener
Parmesan, 50 g Butter*

Den Grieß unter ständigem Rühren in das kochende Wasser
einlaufen lassen, salzen und langsam unter mehrfachem Rühren
in ca. 25 Min. garkochen. Den Parmesan unterziehen und die
Masse in eine gebutterte Form füllen. Stürzen und mjt brauner
Butter begießen.

Grüne Knöpfle (Schwäbische Spezialität)

4 Personen

*1 kl. Zwiebel, 2 EL gehackte Petersilie, 50 g Butter,
40 g geräuchte Schinkenwurst, 200 g Mehl, 6 Eier,
4 EL Wasser, 3 alte Tafelbrötchen, Salz, Prise Pfeffer, Prise Muskat*

Zwiebelwürfel von ½ Zwiebel, Petersilie und in feine Würfel
geschnittene Schinkenwurst in 30 g Butter andämpfen.
Vom Mehl, Eiern und Wasser einen dünnen Teig bereiten (wie
Spätzlesteig). In diesen Teig die harten gewürfelten Tafelbrötchen, die angeschwitzte Schinkenwurst, Petersilie und Zwiebeln
geben. Mit Salz, Pfeffer, Muskat abschmecken. Mit einem nassen Eßlöffel in der Hand längliche Knöpfle formen, in siedendes
Salzwasser legen und ca. 20 Min. garen. In der Mitte auseinan-
derschneiden, mit dem Rest der in Butter gebräunten Zwiebelwürfel übergießen.

Kartoffelsalat (Schwäbisch)

4–6 Personen

*1 kg Kartoffeln, 1 EL Weinessig, 3 EL Öl (auch
mehr), ¼ l Fleischbrühe, ½ Zwiebel, Salz, 1 TL
Senf, Prise Pfeffer*

Die gekochten, noch warmen Kartoffeln in dünne Scheiben schneiden. Mit Essig, Fleischbrühe, Senf, Öl, Salz, Pfeffer und feingewürfelter Zwiebel würzen, alles untereinander mengen. Den Kartoffelsalat etwas stehen lassen, damit die Zutaten einziehen können. Vor dem Servieren evtl. nochmals etwas Öl oder Fleischbrühe unterziehen, damit der Salat schön feucht ist.

Kartoffelkroketten oder -bällchen

4–5 Personen

500 g Kartoffeln, 15 g Butter, 1 1/2 Eier, 25 g Mehl, Muskat, 100 g Weißbrotbrösel, 250 g Fett zum Ausbacken

Die gekochten Salzkartoffeln im Ofen ausdämpfen (austrocknen) lassen, durch die Kartoffelquetsche drücken, Butter, 1 Eigelb und Salz und Muskat gut untermengen. Kleine korkähnliche Rollen oder Kugeln (2 cm ∅) formen, in Mehl und geschlagenem Ei wenden und mit Weißbrotbröseln panieren. Im schwimmenden Fett goldbraun ausbacken.
Panieren Sie die Kartoffeln mit Mandelblättchen, Kokos oder Haselnuß gemahlen, so erhalten sie dadurch ihren Namen.

Kartoffelplätzchen

Der Kartoffelkrokettenmasse 25 g Brustspeckwürfel sowie die Würfel einer viertel Zwiebel und etwas gehackte Petersilie, alles in Butter angeschwitzt, zugeben. Nun die Masse in ca. 4–5 ∅ cm dicke Rollen formen, 1 cm dicke Scheiben schneiden, in geklärter Butter anbraten und im Rohr (ca. 5 Minuten) goldgelbe Farbe geben.

Weckknödel

4–6 Personen

8 Brötchen, 1/2 l Milch, 1/2 Zwiebel, 1 EL Petersilie, Salz, Prise Muskat, 2 Eier, 20 g Butter

Die Brötchen in feine Scheiben schneiden, mit heißer Milch übergießen, Zwiebeln und Petersilie dämpfen, Salz, Muskat und Eier zugeben und gut vermengen. Knödel in Salzwasser ca. 8 Minuten langsam kochen.

Kartoffelknödel

4–6 Personen

1 kg gekochte Kartoffeln, 2 Eier, ½ Zwiebel, 1 EL Petersilie, 20 g Butter, 30 g Mehl, 30 g Hartweizengrieß, Salz, Prise Muskat, Weißbrotbrösel, 1 Scheibe Weißbrot

Die am Vortage gekochten Pellkartoffeln schälen und reiben, Zwiebeln und Petersilie dämpfen, Eier, Hartweizengrieß und Mehl zugeben und vermengen, mit Salz und Muskat abschmekken. Die gerösteten Brotwürfel in die Mitte der Klöße geben. Die Klöße in kochendem Salzwasser kochen (nicht zudecken) und mit Butterbrösel abschmelzen.

Rohe Kartoffelklöße

4–6 Personen

1 kg rohe Kartoffeln, 500 g gekochte Kartoffeln, geröstete Brotwürfel, 30 g Butter, ⅛ l Milch, Salz

Die rohen Kartoffeln in reichlich kaltes Wasser reiben, in ein Tuch schütten und fest auspressen, das Wasser ruhig stehen lassen, damit das Stärkemehl absetzt. Dann das Wasser abschütten, die rohen Kartoffeln zu dem zurückgebliebenen Stärkemehl geben, dazu die kochende Milch und gut durchrühren, zuletzt die gekochten geriebenen Kartoffeln dazu und salzen. In die Mitte die gerösteten Brotwürfel. In kochendem Salzwasser ½ Stunde kochen.

Maronenpüree

4–6 Personen

*1 kg geschälte Maronen, 4 cl Rum, 50 g Zucker,
1/2 l Milch, 1/8 l Sahne, 20 g Butter, 1 EL Johannisbeergelee*

Geschälte Maronen mit Rum, etwas Zucker und Milch garen, bis
sie zerfallen. Durch ein Sieb passieren, mit frischem Rahm auf
die richtige Konsistenz bringen, etwas Butter zugeben, evtl. mit
glatt gerührtem Johannisbeergelee verfeinern.

Handgeschabte Spätzle

4–6 Personen

500 g Mehl, 5 Eier, 1/8 l Wasser, knapper TL Salz

Eier in Mehl schlagen, Salz zugeben und unter Rühren das Wasser zugießen. Teig kräftig schlagen, bis er zäh ist. Eine kleine
Menge Teig gleichmäßig und dünn auf ein Spätzlesbrett streichen und feine Streifen in das kochende, leicht gesalzene Wasser schaben. Erscheinen die Spätzle an der Oberfläche, mit dem
Schaumlöffel herausnehmen und servieren; oder kalt abschrek-
ken, dann vor dem Servieren in Butter anschwenken oder kurz
in kochendes Salzwasser tauchen. Obenauf Bröselschmelze
(Weißbrotkrumen in Butter leicht bräunen).

Schupfnudeln oder Bubenspitzle

4–6 Personen

*500 g gekochte Pellkartoffeln kalt, 2 Eier, 2 EL
Mehl, Salz, Muskat*

Geschälte Kartoffeln durch die Quetsche drücken, Mehl, Salz,
Muskat und Eier zugeben und einen festen Teig kneten. Masse
zu Schnupfnudeln (Form einer kleinen Zigarre) formen. In kochendes Salzwasser geben, ca. 5 Minuten ziehen lassen, herausnehmen und abtropfen lassen. Vor dem Servieren in Butter
goldbraun braten oder nur in kochendem Salzwasser kurz heiß
machen.

Süße Leckereien aus Wald und Flur

Waldbeerensalat in Cognac-Eier-Sauce

4 Personen

200 g Waldbeeren, 4 cl Cognac, ¹/₄ l Sahne, 8 cl Eierlikör, 80 g Zucker

Frische Waldbeeren nach Belieben einzuckern, in Cognac marinieren. Geschlagene Sahne mit Eierlikör vermengen und die Beeren darunterheben.

Rote Grütze von frischen Waldbeeren

4 Personen

800 g Waldbeeren, 150 g Zucker, 75 g Sago, Sahne

³/₄ der Waldbeeren durch ein Haarsieb streichen. Den Saft mit Wasser bis ³/₄ l auffüllen. Den Zucker hinzufügen, aufkochen und unter ständigem Rühren mit dem Schneebesen den Sago einlaufen lassen und 10 bis 12 Minuten langsam kochen. Vom Feuer nehmen, leicht abkühlen. In Portionsschalen einige frische Waldbeeren geben und mit der flüssigen Grütze auffüllen und leicht mit feinem Zucker bestreuen, um eine Hautbildung zu verhindern. Kühl stellen und mit flüssiger Sahne servieren.

Heidelbeerhalbgefrorenes

5–6 Personen

5 Eigelb, 3 ganze Eier, 100 g Zucker, 1 TL Vanillezucker, 5 g Gelatine, ¹/₂ l Schlagsahne, 6 cl Heidelbeerlikör, 500 g Heidelbeeren (200 g Zucker)

Eier, Zucker und Vanillezucker im sprudelnden Wasserbad schlagen, bis die Masse steif ist, dann weiter schlagen, bis die Komposition abgekühlt ist. Die gut gewaschene und aufgelöste Gelatine sowie den geschlagenen Rahm sorgfältig daruntermischen. Nun die mit Zucker sämig gekochten Heidelbeeren kalt unterziehen, mit Heidelbeerlikör abschmecken. Im gewählten Gefäß mindestens 24 Stunden frieren.

Himbeer-Zäpfchen

4 Personen

*¹/₄ Biskuitboden, 6 cl Maraschino, ¹/₄ l Sahne,
200 g Himbeeren*

Biskuitboden in 2 cm breite und 6 cm lange Streifen schneiden, mit Maraschinolikör tränken. Schlagrahm mit frischen Himbeeren vermengen und mit Himbeersauce überziehen.

Preiselbeerschnitten

4–6 Personen

*1 in Scheiben geschnittenes Toastbrot, ¹/₄ l Milch,
2 Eier, Weißbrotbrösel, Fett zum Backen, 200 g
Preiselbeeren, 100 g Zucker, 10 g Zimt, 20 g Pistazien*

Brotscheibe diagonal durchschneiden, in Milch tauchen, durch das geschlagene Ei ziehen, in Weißbrotbrösel hüllen, in heißem Fett von beiden Seiten goldbraun braten, mit Zimt und Zucker bestreuen und mit den Preiselbeeren, unter welche die geschlagene Sahne gezogen wurde, pyramidenförmig bestreichen. Obenauf gehackte Pistazien streuen.

Heidelbeerkuchen

*250 g Mehl, ¹/₄ l Milch, 30 g Hefe, 250 g Mehl,
200 g Butter, 1 Ei, 2 Eigelb, Salz, 75 g Zucker*

Mehl mit lauwarmer Milch und Hefe anrühren und zum Aufgehen beiseite stellen. Dann weiter Mehl, Butter, Ei, Eigelb, eine Prise Salz hinzugeben, alles gut durcharbeiten und zum nochmaligen Gehen an einen warmen, zugfreien Ort stellen. Den fertigen Hefeteig nun dünn ausrollen, auf ein Backblech geben und dick mit gut gewaschenen Heidelbeeren belegen, wobei es jedoch empfehlenswert ist, den Teig erst dick mit geriebener Semmel zu bestreuen. Den Kuchen bei mäßiger Hitze abbacken und dann erst mit Zucker bestreuen.

Notizen und weitere Rezepte

Inhalt

Saucen zu Wild- und Wildgeflügel

Beilagen zu Wild und Wildgeflügel

Süße Leckereien aus Wald und Flur

Ernst-Ulrich Schassberger

Ernst-Ulrich Schassberger wurde am 25. April 1946 als Sohn des Gastronomenehepaares Ernst und Ilse Schassberger in Stuttgart geboren. Schon sein Vater war ein bekannter Küchen- und Konditormeister. Nach Abschluß der Mittleren Reife begann er die Kochlehre im Reichsbahn-Hotel in Stuttgart bei Karl Göckeler, dem unvergessenen Küchenmeister der Schwäbischen Metropole. Auf der Hotelfachschule des Schweizerischen Hoteliervereins in Lausanne schloß er mit dem Internationalen Diplom sowie dem 1. Preis ab.

Durch diesen Aufenthalt in der französischen Schweiz begannen die Beziehungen mit den schweizerischen und französischen Kollegen. Sein Berufsweg führte ihn dann durch verschiedene Hotels des In- und Auslandes. 1974 übernahm er mit seiner Frau Iris den Landgasthof Hirsch. Der »Hirsch« entstand als Flößerherberge und wurde von der Schwiegermutter Marianne Döz laufend vergrößert; er war schon damals ein bekannter und beliebter Landgasthof.

Die Küche von Ernst-Ulrich Schassberger ist in allen namhaften Hotel- und Restaurant-Führern lobenswert erwähnt.

Ernst-Ulrich Schassbergers Küche basiert auf regionaler Küche, Wild, Fisch sowie ideenreichen Eigenschöpfungen. Seine Küche wurde auf internationalen Kochkunstwettbewerben mit vielen Goldmedaillen und Ehrenpreisen ausgezeichnet.

Ernst-Ulrich Schassberger wurde in folgende gastronomische Vereinigungen berufen:
Gastronomische Akademie Deutschland
Brillat-Savarin-Stiftung
Internationale Hotel Association
Hotel Sales Management Association
Sommelier Union (Vereinigung der Weinfachleute)
Ronde de Gourmet
Verband der Köche
Meistervereinigung Stuttgart
AEEH Lausanne
Rastatter Kreis